인간의 시대를 연 화가
레오나르도 다 빈치

새시대 큰인물 **28**

인간의 시대를 연 화가

레오나르도 다 빈치

초판 1쇄 | 2006년 9월 15일

글쓴이 | 문명식
그린이 | 장종균
발행인 | 최동욱
총편집인 | 이헌상
편집책임 | 김민경
교정·교열 | 신윤덕
진행 | 정미연
디자인 | 최현숙

펴낸곳 | 랜덤하우스코리아(주)
주소 | 100-120 서울 중구 정동 34-5 배재빌딩 B동 6층
전화 | 02-777-3834(내용문의), 02-3705-0108(구입문의)
등록 | 2004년 1월 15일 제2-3726호

ISBN 89-5986-366-1 74990
　　　89-5986-338-6(세트)

값 8,000원

인간의 시대를 연 화가

레오나르도 다 빈치

문명식 글 | 장종균 그림

주니어랜덤

 글쓴이의 말

　지금부터 600년 전쯤, 유럽에서는 놀라운 변화가 일어나기 시작했습니다. 로마 제국이 멸망한 뒤에 나타나 1000년 동안 계속되었던 중세가 저물고 새로운 시대가 시작되고 있었던 것입니다.
　중세는 기독교가 온 유럽을 지배한 시대였습니다. 고대 그리스와 로마의 찬란한 문화는 마치 거짓말처럼 사라져 버리고, 사람들은 《성경》과 교회의 가르침만을 생각하고 따랐습니다.
　하지만 길고 어두웠던 중세가 끝나면서 다시 상황이 바뀌었습니다. 고대 그리스와 로마의 인간 중심적인 문화가 되살아나기 시작한 것입니다. 새로운 시대와 그 시대를 연 문화 운동에 르네상스란 이름이 붙은 것은 바로 그 때문이었습니다. '르네상스'란 말은 재생, 곧 '다시 살아남'을 뜻하는 말이거든요.
　르네상스가 가장 먼저 시작된 곳은 이탈리아였습니다. 그 무렵 이탈리아는 상업과 산업이 활발하게 일어나 곳곳에 크고 부유한 도시들이 생겨났습니다. 덕분에 학문과 예술이 덩달아 발달하고 뛰어난 학자와 예술가들이 나타날 수 있었던 것이지요.
　레오나르도 다 빈치도 바로 그런 사람들 가운데 하나였습니다.
　레오나르도가 태어난 1452년은 르네상스가 절정으로 치닫던 때였습니다. '인문주의'라고 불리는 르네상스의 새로운 문화가 온 유럽에 한창 퍼지고 있었으니까요. 특히 레오나르도가 주로 활동하던 도시인 피렌체와 밀라노는 르네상스의 중심지였습니다.
　레오나르도는 이런 새로운 시대의 분위기 속에서 자기의 창조적인 능력을 한껏 발휘한 천재 미술가였습니다. 우리가 잘 아는 '모나리자'나 '최후의 만찬' 같은 그림들은 레오나르도의 그와 같은 창조적인 재능이 얼마나 뛰어났는지 잘 보여 줍니다.

　레오나르도는 또한 뛰어난 조각가이며 건축가였습니다. 그래서 거대한 청동 기마상을 만들기도 하고 여러 가지 아름다운 건축물을 설계하기도 했지요. 게다가 갖가지 학문에 두루 관심을 가진 대단한 학자였습니다. 수학을 비롯해 물리학, 역학, 해부학, 천문학 같은 자연 과학은 물론이고, 음악, 철학까지 깊이 연구하고 글을 남겼으니까요. 레오나르도가 온갖 진기한 발명을 할 수 있었던 것은 바로 이처럼 지칠 줄 모르는 공부와 연구 덕분이었습니다.

　그렇다고 그 모든 것을 레오나르도가 혼자 해낸 것이라고 할 수는 없습니다. 왜냐하면 레오나르도도 다른 사람들에게서 많은 것을 배우고 도움을 받았기 때문입니다. 말하자면 레오나르도의 작품에는 레오나르도가 살던 시대의 생각과 문화가 담겨 있는 것이지요. 하지만 레오나르도는 거기에 자기만의 생각과 능력을 보태서 새롭고 독창적인 예술 작품을 만들어 냈습니다.

　르네상스는 중세의 낡은 생각에서 벗어나 인간 중심의 새로운 문화를 창조한 시대였습니다. 그래서 끊임없이 새로운 것을 생각하고 그것을 만들어 내는 사람이 필요했지요. 레오나르도는 바로 그런 사람이었습니다. 레오나르도가 정말로 위대한 것은 그런 시대의 요구를 느끼고 받아들여 가장 창조적으로 실천한 사람이기 때문입니다.

2006년 가을 문명식

차례

글쓴이의 말 · 4

산타마리아 델레 그라치에 성당의 그림 · 9
- 템페라 기법으로 그린 '최후의 만찬' · 16

어린 시절 · 17
- 피렌체 · 23

베로키오의 도제가 된 레오나르도 · 24
- 장인과 도제 · 30

노는 건 즐거워 · 31
- 보티첼리와 '비너스의 탄생' · 36

스승을 뛰어넘다 · 37
- 유화 기법 · 45

르네상스 · 46
- 중세의 몰락 · 49

피렌체가 싫어 · 50
- 메디치 가문 · 57

밀라노로 · 58
- 루도비코 스포르차 · 66
- 레오나르도의 스승 베로키오 · 67

뭐든지 할 수 있는 사람 · 68
- 페스트 · 78
- 레오나르도가 남긴 종이쪽지 · 79

스포르차의 청동 기마상 · 80

새로운 그림을 탄생시키다 · 87
- 원근법 · 97

고기는 싫어 · 98

이리로 저리로 · 104
- 미켈란젤로 · 114

송장을 해부하다 · 116
- 미술가와 후원자 · 122

로마에서 · 123
- 라파엘로의 '아테네 학당' · 129

프랑스에서의 죽음 · 130
- 토리노의 자화상 · 135

열린 주제 · 136
인물 돋보기 · 138
연대표 · 140

레오나르도 다 빈치

산타마리아 델레 그라치에
성당의 그림

　이탈리아의 밀라노에는 산타마리아 델레 그라치에라는 오래된 성당이 있습니다. 지은 지 500년이 훨씬 넘은 이 성당은 붉은 벽돌과 돔, 아치가 어우러진, 아름다우면서도 웅장한 건축물입니다. 그래서 1980년에 유네스코에 의해 세계 문화유산으로 지정되기도 했지요.

　하지만 이 성당이 유명한 진짜 이유는 따로 있습니다. 바로 성당 식당 안 북쪽 벽에 그려진 그림 때문이지요. 폭 880센티미터에 높이가 460센티미터나 되는 이 큰 벽화는 수도원 건물만큼이나 오래된 그림입니다. 너무 오래된 데다 애초에 상하기 쉬운 물감으로 그려서 지금은 곳곳에 칠이 떨어져 나가고 색이 바랬지만, 그림의 아름다움은 옛날 그대로 남아 있습니다.

그림에는 예수와 열두 제자가 나옵니다. 긴 식탁에 앉아 함께 저녁 식사를 하는 모습이지요. 그래서 모두의 앞에는 음식 접시와 빵이 놓여 있습니다. 하지만 안타깝게도 이 저녁 식사는 예수와 제자들이 마지막으로 함께하는 식사였습니다. 다음 날 예수가 로마 병사들에게 붙잡혀 가서 십자가에 매달리기 때문입니다.

예수는 자기가 그렇게 될 것을 이미 알고 있었지요. 한창 식사를 하고 있을 때, 예수는 문득 제자들에게 이렇게 말합니다.

"너희 가운데 한 사람이 나를 팔 것이다."

제자들은 깜짝 놀랍니다. 따뜻한 분위기는 순식간에 사라져 버리고, 제자들은 식사를 멈춘 채 웅성거리지요. 어떤 제자들은 예수에게 몸을 바짝 기울이고 그게 무슨 말이냐고 묻습니다. 그런가 하면 자기들끼리 뭔가 열심히 이야기하는 제자들도 있습니다. 자기 가슴을 가리키며 자기가 그 사람인지 묻는 제자도 있고, 흥분해서 따지듯이 예수에게 다가가는 제자도 있습니다. 잠깐 사이에 식당 안은 충격과 흥분과 슬픔으로 가득 차 버립니다.

산타마리아 델레 그라치에 성당의 그림은 바로 이 짧은 순간을 그린 것입니다. 바로 유명한 '최후의 만찬'이지요.

'최후의 만찬'은 이처럼 예수가 잡혀 가기 전날 밤에 제자들과 함께한 마지막 식사를 말합니다. 서양의 화가들은 옛날부터 이것을 소재로 자주 그림을 그렸습니다. 그래서 '최후의 만찬'이라는 제목을 단 그림이 그전부터 많이 있었지요.

하지만 산타마리아 델레 그라치에 성당의 '최후의 만찬'은 그때까지 그려진 그림들하고는 전혀 달랐습니다. 예를 들면 그전에 그려진 그림들은 예수와 제자들을 거룩한 천사의 모습으로 그린다든지, 유다를 식탁 맞은편에 따로 그린다든지 했지요. 인물들은 동작도 거의 비슷하고 활기가 하나도 없어서 마치 사람이 아니라 마네킹이 앉아 있는 느낌이 들 정도였습니다.

그러나 산타마리아 델레 그라치에 성당의 그림은 사람들 모습부터 다릅니다. 제자들은 물론 예수도 거룩하게 생긴 천사의 모습과는 거리가 멀거든요. 그림을 한번 보세요. 예전에는 예수와 제자들의 머리 위에 천사처럼 둥근 고리가 그려져 있었는데, 이 그림에는 그런 것이 전혀 없습니다.

인물들 표정도 딱딱하게 굳어 있지 않지요. 모두 표정이 다르고 생김새도 제각각이고요. 게다가 몸의 자세나 동작도 매우 다양합니다. 그래서 예수와 열두 제자의 모습이 마치 살아 움직이는 것처럼 보입니다.

구도도 색다릅니다. 가운데 앉아 있는 예수를 중심으로 열두 제자는 세 명씩 묶여 모두 네 덩어리로 나뉘어 있지요. 그리고 각 덩어리마다 다른 분위기가 느껴집니다.

그림 맨 왼쪽의 세 사람은 말없이 예수를 바라보고 있고, 그 옆의 세 사람은 각기 다른 행동을 합니다. 맨 오른쪽 세 사람은 자기들끼리 손짓을 하며 이야기를 하고, 그 옆의 세 사람은 예수에게 뭔가 말을 걸거나 호소하는 것처럼 보입니다. 그래서 그림 전체는 마치 연극의 한 장면처럼 흥미진진하지요.

인물들 표정도 마치 배우 같습니다. 두 팔을 식탁 위로 쭉 펼친 예수는 약간 슬픈 듯한 표정입니다. 맨 왼쪽의 세 제자는 좀 시무룩하고, 맨 오른쪽의 세 제자는 이야기에 열중하여 진지합니다. 반면에 예수 바로 옆 세 명은 각각 당황해하고, 슬퍼하고, 뭔가 생각하는 것처럼 보이지요.

그림 예수 바로 오른쪽의 제자들은 어떤가요? 그 세 명은 서로 많이 다릅니다. 한 명은 너무나 큰 충격을 받아 기절이라도 한 것 같고, 한 명은 무서운 표정으로 예수에게 '그놈이 누구냐'고 따져 묻기라도 하는 것 같습니다.

나머지 한 명은 입을 굳게 다문 채 예수를 노려보고 있는 듯합니다. 자세히 보면 식탁 위에 놓인 손에 작은 주머니가 쥐여 있지요. 이 사람은 누구일까요? 그렇습니다. 바로 예수를 고발한 유다입니다. 그러니까 이 사람이 들고 있는 주머니에는 은 30냥이 들어 있겠네요.

　산타마리아 델레 그라치에 성당의 '최후의 만찬'에서는 이런 재미있는 이야기들을 읽을 수 있습니다. 바로 그것이 이 그림이 수많은 사람의 찬사를 받는 까닭 중 하나이지요. 이 그림 이전에는 이렇게 흥미로운 그림이 별로 없었습니다. 화가들이 대부분 별 생각 없이 이미 다른 화가들이 그린 것을 따라 그렸으니까요. 그러니 화가 자신의 생각이나 개성이 잘 보이지 않았던 것이지요.

　하지만 이 그림을 그린 화가는 전혀 달랐습니다. 자기의 상상력과 생각을 담아 자기만의 방식으로 예수와 열두 제자의 모습을 그렸거든요. 산타마리아 델레 그라치에 성당의 '최후의 만찬'이 틀에 박힌 그림이 아니라 자유롭고 생생하게 살아 숨 쉬는 듯한 그림이 된 것은 바로 그 때문입니다.

　이 사람, 그러니까 몇 백 년이 지난 뒤에도 여전히 그 아름다움과 생생함을 간직한 저 산타마리아 델레 그라치에 성당의 그림을 그린 화가는 과연 누구일까요? 네, 그렇습니다. 바로 레오나르도 다 빈치입니다.

 템페라 기법으로 그린 '최후의 만찬'

　'최후의 만찬'은 템페라 기법으로 그려졌습니다. 템페라 기법이란 회반죽을 바른 벽에 달걀과 기름을 섞은 물감으로 그리는 방법을 말합니다.

　레오나르도가 살던 시대에는 대개 프레스코 기법으로 벽화를 그렸습니다. 프레스코 기법은 고대 로마에서 발명된 것으로, 벽에 회반죽을 바르고 미처 마르기 전에 그 위에 그림을 그리는 방법입니다. 이 기법으로 그리면 물감이 반죽에 스며들면서 굳으므로 색이 변하거나 물감이 떨어지지 않습니다. 하지만 반죽이 굳기 전에 서둘러 그려야 하고, 그리면서 수정을 할 수 없다는 단점이 있지요.

　템페라 기법은 마른 벽에 그리는 것이므로 서두를 필요가 없고, 프레스코 기법으로 그릴 때보다 색채가 훨씬 아름답습니다. 그러나 템페라 기법에도 약점이 있습니다. 물감이 오래 못 견디고 색이 변하거나 떨어진다는 것입니다. '최후의 만찬'도 그린 지 몇 년 안 돼 색이 바래기 시작했고, 20년쯤 뒤에는 칠이 조금씩 떨어졌습니다.

　그 뒤 여러 사람이 복원을 꾀했지만, 오히려 작품을 더 망쳐 버리곤 했습니다. 오늘날 우리가 볼 수 있는 '최후의 만찬'은 1978년에서 1999년에 이르는 오랜 복원 작업 끝에 다시 공개된 것입니다.

어린 시절

　레오나르도 다 빈치는 지금부터 554년 전인 1452년, 피렌체 근처의 안키아노라는 작은 마을에서 태어났습니다. 그 무렵 이탈리아는 수많은 작은 나라로 나뉘어 있었는데, 피렌체는 그 중 하나였지요.

　레오나르도의 아버지는 세르 피에로라는 사람이었고, 어머니는 카테리나라는 여자였습니다. 세르 피에로는 대대로 공증 일을 해 온 집안의 첫째 아들이었지요. 공증이란 여러 가지 법률 서류를 꾸미고, 그 서류의 올바름을 증명해 주는 일을 말합니다. 그러니까 공증인이란 일종의 법률가인 셈입니다. 하지만 카테리나는 가난한 농부의 딸이었습니다.

그래서였을까요? 세르 피에로는 카테리나와 결혼하지 않고, 레오나르도가 태어난 다음 해에 다른 공증인의 딸과 결혼해 버렸습니다. 그 때문에 레오나르도는 피에로의 정식 아들이 되지 못한 채 사생아로 카테리나의 품에서 자라야 했습니다.

하지만 카테리나도 곧 결혼을 하게 되어 더 이상 레오나르도와 함께 살 수 없게 되었습니다. 마침 피에로는 그때까지 아이가 없었습니다. 게다가 할아버지와 할머니도 손자를 데려오고 싶어 했지요. 결국 젖을 먹지 않아도 될 만큼 자랐을 때, 레오나르도는 빈치에 있는 아버지 집으로 갔습니다.

레오나르도는 그곳에서 어린 시절을 보냈습니다. 레오나르도라는 이름도 그곳에서 세례를 받고 얻은 것입니다. 우리가 알고 있는 레오나르도 다 빈치라는 이름은 바로 '빈치의 레오나르도'라는 뜻이라고 합니다.

아버지는 피렌체에서 살다시피 했기 때문에 함께 지내는 시간이 많지 않았습니다. 그래서 레오나르도는 주로 할아버지와 할머니, 그리고 삼촌의 사랑을 받으며 자랐습니다. 특히 나이 어린 삼촌인 프란체스코는 레오나르도에게 아버지보다 더 가깝고 소중한 사람이었지요. 친구처럼 함께 놀아 주는가 하면, 아버지처럼 돌봐 주고, 때로는 선생님처럼 공부를 도와주기도 했거든요.

프란체스코 삼촌은 집안 대대로 이어 오던 공증 일에는 관심이 없었습니다. 그보다는 농사나 동식물, 자연 현상에 더 관심이 많았습니다. 그래서 자기 아버지, 그러니까 레오나르도의 할아버지가 하는 농사일을 거들며 지냈지요.

레오나르도는 그런 삼촌을 무척 좋아했습니다. 그래서 삼촌을 따라 들로 산으로 돌아다니곤 했지요. 프란체스코는 레오나르도에게 갖가지 풀 이름이며 동물의 습성, 구름에 관한 이야기, 그리고 자연에 얽힌 전설 따위를 들려주었습니다. 나중에 레오나르도가 어른이 되어 동물이나 자연 현상을 열심히 관찰하게 된 것은 어쩌면 그때의 경험 덕분인지도 모릅니다.

레오나르도는 할아버지와 삼촌에게서 글을 쓰고 읽는 법을 배웠습니다. 공증인 집안이라 집에 책이며 종이가 많아서 공부하기도 아주 좋았지요.

그렇다고 집에서만 공부를 한 것은 아닙니다. 레오나르도는 교회 학교를 다니며 쓰기와 읽기뿐 아니라 주판으로 셈하는 법과 기하학, 라틴어 등을 배웠습니다. 하지만 라틴어는 충분히 배우지

못해서 나중에 어른이 되어 다시 공부를 해야 했습니다.

학교 선생님은 레오나르도가 다가오면 아주 질색을 했다고 합니다. 다른 학생들과 달리 쉴 새 없이 질문을 해 대며 성가시게 했거든요. 하지만 그런 호기심이 나중에 깊이 있고 다양한 과학 지식을 갖추는 데 큰 도움이 되었습니다.

레오나르도는 왼손잡이였습니다. 선생님은 그런 레오나르도를 보면서 무척 신기해했습니다. 그러나 정작 레오나르도는 아무렇지도 않았습니다. 글씨 쓰기든 주판으로 셈하기든 아무런 문제가 없었으니까요.

게다가 그림도 잘 그렸습니다. 그림은 프란체스코 삼촌에게서 맨 처음 배웠습니다. 삼촌은 석탄이나 펜으로 틈틈이 그림을 그렸는데, 어린 레오나르도는 그런 삼촌을 보면서 조금씩 따라 했지요. 하지만 워낙 관찰력이 뛰어나고 손재주가 좋아서 레오나르도의 그림 솜씨는 금세 발전했습니다.

레오나르도의 뛰어난 그림 솜씨는 곧 아버지 눈에 띄었습니다. 레오나르도가 종이에 낙서처럼 그린 그림들을 우연히 보게 된 것입니다.

아버지는 레오나르도를 미술가로 키우기로 결심했습니다. 1466년에 레오나르도를 유명한 화가이자 조각가인 안드레아 델 베로키오의 작업실로 데려간 것도 바로 그 때문입니다. 열네 살의 레오나르도는 이제 베로키오의 제자가 되어 본격적으로 미술가의 길을 걷게 되었습니다.

 ## 피렌체

레오나르도가 태어날 무렵, 이탈리아에는 수많은 도시와 나라가 있었습니다. 베로키오의 작업실이 있던 피렌체도 그 중의 하나였지요. 피렌체는 이탈리아 중부 토스카나 지방에 있는 도시로, 상업과 산업이 발달한 크고 번화한 공화국이었습니다. 덕분에 학문과 예술이 눈부시게 꽃피어 이탈리아 최고의 문화 중심지가 되었습니다.

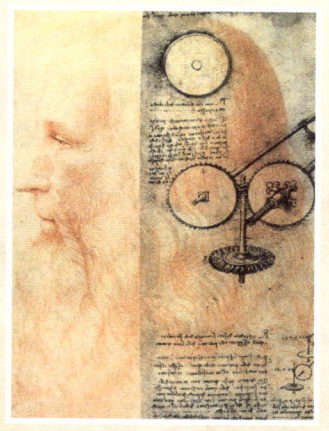
레오나르도 다 빈치

당시에 피렌체의 학문과 예술 활동의 수준이 얼마나 높고 활발했는지는 그곳에서 활동한 학자나 예술가들의 이름을 보면 알 수 있습니다. 베로키오와 레오나르도 다 빈치는 물론이고 미켈란젤로, 브루넬레스코, 마키아벨리, 갈릴레이 같은 유명한 사람들이 모두 그 무렵 피렌체에서 활약했으니까요.

피렌체가 그처럼 학문과 예술의 중심지가 될 수 있었던 것은 피렌체를 다스리고 있던 메디치 가문 덕분이기도 했습니다. 메디치 가문 사람들은 학문과 예술, 건축에 대한 관심이 매우 커서 많은 학자와 예술가, 건축가를 고용하고 후원해 주었습니다.

베로키오의 도제가 된 레오나르도

　베로키오는 서른한 살밖에 안 된 젊은 미술가였습니다. 하지만 그 무렵 피렌체에서 그보다 더 뛰어난 미술가는 없었습니다. 베로키오는 피렌체 최고의 조각가이자 화가였을 뿐만 아니라, 금세공과 청동 주조에도 빼어난 실력을 자랑했으니까요.
　레오나르도가 이런 최고의 스승을 만날 수 있었던 것은 아버지 덕분이었습니다. 레오나르도는 사생아였기 때문에 집안 대대로 이어 오던 공증인 직업을 물려받을 수 없었습니다. 게다가 대학도 갈 수 없고 의사나 약사가 되는 길도 막혀 있었지요. 그래서 아버지는 레오나르도가 타고난 재능을 살려 화가가 되기를 바랐습니다. 하지만 자기 아들을 아무에게나 맡기고 싶지는 않았습니다. 레오나르도를 피렌체 최고의 미술가였던 베로키오에게 데려간 것은 바로 그 때문이었습니다.

레오나르도는 베로키오의 작업실에서 도제가 되었습니다. 도제란 작업실에 들어온 지 얼마 안 되는 가장 낮은 단계의 제자를 말합니다. 그 위로 두세 단계가 더 있는데, 가장 높은 단계의 제자가 되려면 보통 13년쯤 걸렸습니다.

도제는 다른 제자들과 함께 스승의 작업실에 살면서 자질구레한 일들을 도맡아 했습니다. 온갖 잔심부름과 청소, 붓 씻기, 석고 반죽 같은 일이었지요. 그러면서 스승과 선배들의 작업을 눈여겨 보며 요령껏 기술을 익혀야 했습니다. 그렇게 해서 실력이 쌓이면 조금씩 스승의 작업에 참여했습니다.

레오나르도도 마찬가지였습니다. 맨 처음 맡아 한 일은 물감 재료로 쓸 돌가루를 빻는 일이었고, 작업실 바닥 청소와 잔심부름도 해야 했거든요. 지루하고 힘든 일이었지만, 레오나르도는 게으름을 피우거나 불평하지 않았습니다. 그리고 틈틈이 스승 베로키오의 작업 과정을 관찰하면서 조금씩 배워 나갔지요. 덕분에 본래 영리하고 눈썰미가 좋았던 레오나르도는 실력이 부쩍부쩍

늘었습니다.

　레오나르도는 베로키오에게서 많은 것을 보고 배웠습니다. 밑그림, 색칠, 원근법 등 그림 그리는 법은 물론 조각과 건축까지 바로 곁에서 관찰하며 익혔습니다.

　베로키오의 작업장에서는 언제나 실물을 보고 그림을 그려야 했습니다. 대충 상상해서 그리는 것은 베로키오가 용납하지 않았기 때문이지요. 사람을 그릴 때에도 정확하게 그리기 위해 손과 발을 석고로 떠서 모형을 만들었다고 합니다.

이처럼 대상을 정확하게 관찰하여 그리려는 정신은 뒷날 레오나르도의 그림이나 조각에 큰 영향을 주었습니다.

도제가 되고 나서 몇 년 뒤에는 재미있는 건축 작업을 지켜볼 기회도 생겼습니다. 산타마리아 델 피오레 성당의 둥근 지붕에 엄청나게 큰 구리 공을 설치하는 작업이었지요. 베로키오는 자그마치 4년에 걸쳐 이 작업을 완성했습니다. 무사히 설치된 구리 공은 금으로 도금되어 1킬로미터 밖까지 근사하게 빛을 반사했다고 합니다.

공사 현장에서 레오나르도가 맡은 일은 베로키오의 지시를 전하는 것이었습니다. 레오나르도는 80미터 높이의 성당 지붕을 오르내리면서 여러 가지 흥미로운 작업 과정을 관찰할 수 있었지요. 그러면서 건축에 깊은 관심을 갖고 많은 것을 알게 되었습니다. 50여 년 뒤에 레오나르도는 이와 비슷한 작업을 하다가 어려움에 부딪히자 일기에 이렇게 썼습니다.

'산타마리아 델 피오레 성당의 구리 공을 만들 때 했던 용접을 생각해 보자.'

하지만 스승 베로키오의 가장 귀중한 가르침은 무엇보다도 예술에 대한 자세였습니다. 베로키오는 제자들에게 늘 이렇게 말했습니다.

"선배들의 미술 기법을 배워서 그대로 쓰고 전달하기만 해서는 안 된다. 그 기법을 계속 고쳐 보고 실험하면서 더 낫게 만들어야 한다."

베로키오의 이런 생각은 레오나르도에게 많은 영향을 끼쳤습니다. 만약 베로키오한테서 이와 같은 창조적인 정신을 배우지 못했다면, 레오나르도는 어쩌면 남의 작품이나 흉내 내는 별 볼일 없는 미술가나 기술자가 되었을지도 모릅니다.

 장인과 도제

중세 유럽에서는 상인과 기술자들이 길드라는 단체에 속해 있었습니다. 길드는 소속 회원들의 이익을 보장하고, 생산하거나 거래하는 물건의 품질과 값, 그리고 거래 질서를 알맞게 관리하는 역할을 했습니다.

길드에 속한 기술자들은 대개 자기 집이나 작업실에서 제자를 키웠습니다. 이 제자를 도제라 하고, 도제를 키우는 기술자를 장인이라 했습니다. 이것은 미술가나 조각가, 건축가들도 마찬가지였습니다.

도제는 장인의 집이나 작업실에서 먹고 자며 함께 생활했습니다. 그러면서 장인의 집안일은 물론 작업과 관련한 온갖 궂은일이나 잔심부름을 도맡아 했지요. 그렇게 7년쯤 지내면서 장인의 가르침을 받아 기술을 익혔습니다.

도제는 스승이 인정할 정도로 기술을 습득하면 길드로부터 장인의 자격을 얻었습니다. 장인이 되면 스승의 집을 나와 자기 작업실을 열고 도제를 키울 수 있었지요. 레오나르도 다 빈치가 베로키오의 작업실에 들어간 것도 바로 그런 과정을 거쳐 미술가가 되기 위해서였습니다.

노는 건 즐거워

　레오나르도는 누구보다도 열심히 미술 공부를 했지만, 그렇다고 그것밖에 모르는 외곬 청년은 아니었습니다. 한 가지에만 몰두하기에는 너무나 호기심이 많고 이것저것 배우려고 하는 욕심이 컸거든요. 그래서 틈틈이 미술과 별로 관계가 없어 보이는 여러 가지 학문을 연구했습니다.

　물론 그 무렵에는 레오나르도처럼 다른 학문에 관심을 가진 화가들이 꽤 있었습니다. 가령 건축가이기도 한 레온 바티스타 알베르티는 역사와 문학, 수학을 연구하기도 했지요. 하지만 레오나르도가 공부하고 연구한 분야는 그들보다 훨씬 많았습니다. 해부학,

물리학, 생물학, 화학, 기계학, 광학, 천문학, 지리학, 철학 같은 여러 가지 학문을 두루 연구했으니까요.

이처럼 갖가지 학문을 공부하기 위해 레오나르도는 많은 책을 읽고 토론을 했습니다. 다른 화가의 작업실을 찾아가거나 각 분야의 학자와 전문가들을 만나기도 했지요. 레오나르도는 종이쪽지에 그런 사람들의 이름을 가득 적어 놓았습니다. 거기에는 다음과 같은 레오나르도의 말들도 남아 있습니다.

'알고 싶어 하는 마음은 훌륭한 사람들의 천성이다.'

'화가는 무엇이든지 잘할 수 있도록 노력해야 한다.'

하지만 레오나르도가 공부만 한 것은 아닙니다. 레오나르도도 다른 젊은이들과 마찬가지로 친구들과 어울려 놀기를 좋아했습니다. 그래서 재미있는 이야기나 수수께끼로 사람들을 웃기려고 애쓰기도 했지요.

마술을 즐긴 것도 바로 그 때문이었습니다. 레오나르도는 끓는 기름에 붉은 포도주를 쏟아 부어 색색의 불꽃을 솟구치게 하거나, 흰 포도주를 붉은 포도주로 순식간에 바꾸는 것 같은 마술을 즐겨 했습니다. 왜 쓸데없이 그런 걸 하느냐고 물으면 마술도 과학이라고 말하곤 했지요.

베로키오 작업실의 젊은이들은 틈날 때마다 노래나 악기 연주를 하며 놀았습니다. 물론 레오나르도도 빠지지 않았지요. 특히 레오나르도는 리라라는 악기를 능숙하게 연주했을 뿐만 아니라 노래를 직접 만들기도 했습니다. 게다가 노래도 잘했고, 목소리도 모두가 감탄할 만큼 아름다웠다고 합니다.

멋 부리기를 좋아했던 것도 다른 젊은이들과 비슷했습니다. 그 무렵 멋쟁이 청년들 사이에서는 머리를 길게 기르고 앞머리는 짧게 잘라 지지는 게 유행이었습니다. 거기에 몸에 꼭 끼는 윗옷을 입고 허리까지 올라오는 긴 양말을 신으면 최고의 멋쟁이로 통했지요. 하지만 레오나르도는 그런 유행을 따르지는 않았습니다.

그러려면 무엇보다 돈이 많이 들었지만, 레오나르도나 작업실의 동료들은 그럴 만한 돈이 없었습니다. 베로키오에게서 받는 급료가 워낙 보잘것없었거든요. 더구나 레오나르도는 그런 머리 모양이나 옷차림이 지나치다며 탐탁지 않게 여겼습니다. 또 아무 생각 없이 남들이 하는 걸 따라 하는 것도 싫어했고요.

레오나르도는 돈을 별로 들이지 않고도 멋을 부릴 줄 아는 사람이었습니다. 늘 거울과 빗을 가지고 다니면서 단정하고 세련된 머리 모양과 옷차림이 되도록 했습니다. 몸이나 옷이 더러운 걸

몹시 싫어했고, 불쾌한 냄새를 없애기 위해 향수를 뿌리기도 했습니다.

이런 레오나르도와 가장 친하게 지낸 동료는 산드로 보티첼리였습니다. 보티첼리는 나중에 '비너스의 탄생'과 '봄'을 그린 사람으로, 레오나르도보다 일곱 살이 더 많았습니다. 하지만 레오나르도와 마찬가지로 놀기를 좋아하고 농담을 잘하는 익살꾼이었습니다. 그러니 레오나르도와 단짝이 된 것도 당연했지요.

레오나르도와 보티첼리는 함께 어울려 다니며 신나게 놀았습니다. 한때는 그림 그리기를 중단하고 함께 부업으로 술집을 열기도 했고요. 두 사람 모두 위대한 미술가가 될 청년이었지만, 젊은 시절을 공부만 하며 보낼 수는 없었나 봅니다.

 보티첼리와 '비너스의 탄생'

산드로 보티첼리는 1445년에 태어났습니다. 레오나르도보다 일곱 살이나 많았지만, 레오나르도와 함께 베로키오의 작업실에서 잠시 도제 생활을 하기도 했습니다.

보티첼리는 처음에 금세공 기술을 배웠습니다. 하지만 곧 그만두고 화가 프라 필리포 리피 밑에 들어가 그림 공부를 했습니다. 베로키오의 작업실에 들어가 베로키오의 가르침을 받은 것은 그 뒤의 일입니다.

'비너스의 탄생'은 보티첼리가 1487년쯤에 그린 작품입니다. '프리마베라'와 함께 보티첼리의 최고 걸작으로 꼽히지요. 그리스 신화를 바탕으로 한 이 작품은 바다 거품 속에서 태어나 진주조개를 타고 육지에 막 도착한 비너스의 모습을 그린 것입니다.

그림 속의 비너스는 하늘의 천사처럼 무척이나 아름답습니다. 하지만 천사와는 달리 부끄러운 듯 얼굴을 살짝 붉히며 벗은 몸을 손으로 가리고 있습니다. 이것은 중세의 틀에 박힌 그림 속 신이나 천사와는 많이 다른 모습이었습니다. 르네상스라는 새로운 시대의 새로운 생각을 가진 화가가 아니면 그릴 수 없는 것이었지요.

스승을 뛰어넘다

　베로키오의 가르침을 받으며 레오나르도의 그림 솜씨는 하루하루 늘어 갔습니다. 아직 스승의 작업을 도울 만큼 그림을 잘 그리지 못했을 때, 레오나르도는 혼자서 스케치를 하며 공부를 시작했습니다. 그리고 나중에는 베로키오의 일을 거들며 더 세밀하게 그리는 법을 배웠지요.

　스케치 대상은 주로 개나 고양이, 닭, 말 같은 동물이었습니다. 레오나르도는 동물들의 모습과 여러 가지 움직임을 꼼꼼히 관찰해 정확하게 그려 냈습니다.

　가령 고양이를 그려도 한 가지 모습이 아니라 몸을 둘둘 만 모

습부터 뛰는 모습, 잔뜩 웅크린 모습, 뒹구는 모습, 싸우는 모습, 몸을 긁는 모습 따위를 잔뜩 그렸답니다.

종종 여러 동물의 특징이 한데 모인 괴물을 상상하여 그리기도 했습니다. 이를테면 개의 머리에 고양이의 눈, 고슴도치의 귀와 사자의 눈썹, 거북의 목을 한 용 같은 것이었습니다. 레오나르도는 이런 그림을 그리는 게 미술 공부에 큰 도움이 된다고 생각했습니다.

그렇게 여러 해 동안 스케치 연습을 한 뒤 유화 기법을 공부했습니다. 유화 기법은 물감을 물이 아니라 기름으로 녹여서 그리는 방법입니다. 유화 기법으로 그림을 그리면 물감이 잘 번지지 않아 덧칠을 여러 번 할 수 있습니다. 그래서 대상을 부드럽고 입체적으로 표현하는 데 매우 유리하지요.

레오나르도는 이 유화 기법을 연구하면서 여러 가지 방법으로 실험해 보았습니다. 덕분에 물감과 기름을 어떻게 섞어야 가장 좋은지 알아냈고, 유화의 장점을 활용하는 여러 가지 방법도 익힐 수 있었습니다.

그러는 가운데 어느덧 레오나르도는 화가로 불릴 만한 실력을 갖추게 되었습니다. 그리하여 마침내 스무 살이 된 1472년에 장인이 되었습니다. 장인이란 도제부터 시작하는 모든 견습 과정을 마친 제자를 일컫는 이름입니다.

  장인이 되면 정식으로 화가가 되고 스승을 떠나 자기의 작업실을 차릴 수 있었습니다. 레오나르도 마찬가지였지요. 그래서 같은 해에 피렌체 화가 조합의 명부에 정식으로 이름이 올라갔습니다. 하지만 스승 베로키오의 일을 도우면서 좀 더 배우고 싶었기 때문에 곧바로 작업실을 열지는 않았어요.

그 무렵 재미있는 일이 있었습니다. 어느 날 아버지가 나무 방패 하나를 레오나르도에게 가져왔습니다. 한 농부가 찾아와 거기에 그림을 그려 달라고 부탁했다는 것입니다. 레오나르도는 심심했는데 마침 잘됐다고 생각하고 부탁을 들어 주기로 했습니다.

레오나르도는 무엇을 그릴까 한참 고민하다 무서운 괴물을 그리기로 했습니다. 작업실에 도마뱀, 귀뚜라미, 뱀, 메뚜기, 박쥐 같은 동물들의 주검을 잔뜩 모아 놓고 관찰을 시작했지요. 그런 다음, 그것들을 팔다리를 잘라 이리저리 이어 붙여 괴상한 모양을 만들어 냈습니다.

레오나르도는 그것을 바탕으로 무시무시한 괴물을 그렸습니다. 입을 벌려 독을 토하고, 콧구멍으로 김을 내뿜으며, 눈으로는 시뻘건 불길을 쏘아 대는 괴물의 모습은 정말 소름이 끼치도록 끔찍했습니다.

"어이쿠!"

나중에 방패를 찾으러 온 아버지는 그림을 보고 소스라치게 놀라 뒷걸음질을 쳤습니다. 레오나르도는 쓰러질 듯이 휘청거리는 아버지를 부축하며 말했습니다.

"방패니까 이래도 괜찮겠지요? 어서 갖다 주세요."

그러고는 방패를 들고 나가는 아버지에게 이렇게 덧붙였지요.

"미술 작품이란 원래 이런 거랍니다."

아버지는 방패를 주인에게 돌려주지 않았습니다. 대신 시장에서 방패를 하나 사다 주었지요. 농부는 그 방패를 받고 오히려 더 좋아했다고 합니다.

그럼 원래 방패는 어떻게 되었을까요? 아버지는 레오나르도 몰래 비싼 돈을 받고 상인에게 팔았고, 그 상인은 더 많은 돈을 받고 밀라노의 공작에게 다시 팔았습니다. 큰돈을 받고 팔릴 만큼 레오나르도의 그림은 이미 훌륭했던 것이지요.

레오나르도는 스승 베로키오에게도 그림 솜씨를 확실히 인정받았습니다. 그래서 베로키오의 작업을 돕는 일이 많아졌지요. 1472년에 그린 '예수의 세례'도 베로키오가 레오나르도의 도움을 받아 완성한 작품입니다.

이 그림은 한 수도원에서 주문한 것으로, 예수가 세례 받는 장면을 그린 것입니다. 가로 151센티미터, 세로 171센티미터나 되는 큰 화면 속에 예수와 세례자 요한, 그리고 천사 두 명이 그려져 있습니다.

베로키오는 예수 곁에 서 있는 두 명의 아기 천사를 레오나르도에게 맡겼습니다. 레오나르도는 그동안 연구한 유화 기법과 풍부한 상상력을 발휘해 맡은 작업을 끝냈습니다. 그림이 완성된 뒤, 베로키오는 제자가 그린 부분을 보고 깜짝 놀랐습니다.

"레오나르도, 이제 네가 나보다 더 잘 그리는구나!"

그 뒤 베로키오는 그림을 그리지 않고 조각 작품에만 몰두했습니다. 그림은 레오나르도에게 맡겨도 충분하다고 생각했기 때문입니다. 레오나르도는 어느새 베로키오와 어깨를 나란히 할 만한 화가가 된 것입니다.

스승에게 실력을 인정받은 레오나르도는 이제 자신의 예술 세계를 스스로 만들어 가야 했습니다.

 # 유화 기법

레오나르도가 스승인 베로키오를 넘어설 수 있었던 것은 새로 익힌 유화 기법 덕분이었습니다. 유화 기법을 능숙하게 쓰면서 그림의 입체감과 양감을 훌륭하게 표현할 수 있었던 것입니다.

레오나르도가 루아르 지방에서 생활하던 방

유화 기법은 마사초라는 화가에게서 영향을 받은 것입니다. 마사초는 레오나르도가 태어나기도 전에 세상을 떠난 화가였습니다. 하지만 레오나르도가 미술 공부를 할 때에도 마사초의 영향력은 매우 컸습니다. 이탈리아의 수많은 화가와 조각가들이 마사초의 작품을 연구하고 흉내 냈을 정도니까요.

레오나르도는 베로키오 작업실의 선배 동료들에게서 마사초의 유화 기법을 배웠습니다. 그리고 그것을 계속 연구하고 새롭게 만들었지요. 레오나르도의 그림 속 인물이나 사물이 마치 실제 모습처럼 생생하게 보이는 것은 그렇게 익힌 유화 기법 덕분입니다.

르네상스

레오나르도 다 빈치가 살던 시대를 흔히 '르네상스'라고 합니다. 르네상스란 '되살림'을 뜻하는 말입니다. 왜 그 시대에 이런 이름이 붙었을까요?

그 무렵 유럽은 기독교 문화가 사람들을 억누르던 어두운 시대를 막 벗어나고 있었습니다. 무려 1000년이나 계속되던 그 시대를 우리는 중세라고 부릅니다.

그때는 모든 것이 하느님의 이름으로 이루어졌습니다. 사람이나 동식물, 강, 바다, 산 같은 것들은 물론이고, 선과 악, 아름다움과 추함 따위도 하느님 때문에 생기고 하느님 때문에 사라졌습니다. 한마디로 세상의 모든 것은 하느님을 위해 있을 뿐이었지요.

그래서 하느님 말씀을 전하는 《성경》과 교회가 세상을 다스렸습니다. 사람들은 하느님 말씀에 따라 살고 교회에 복종해야 했습니다. 심지어 스스로 생각할 필요도 없었지요. 《성경》에 적혀 있는 대로 보고 듣고 움직이면 그만이었거든요.

하지만 새로운 시대가 열리면서 모든 게 바뀝니다. 사람들은 인간이 하느님만큼 소중한 존재라는 것을 깨닫기 시작했습니다. 그리고 《성경》 말씀이나 교회의 명령을 그대로 따를 필요가 없다고 생각했어요. 이제 사람들은 스스로 생각해서 행동하는 게 중요하다고 여기게 되었습니다.

이윽고 옛 그리스와 로마의 정신이 되살아나기 시작했습니다. 그것은 바로 인간의 가치와 자유를 소중하게 여기는 학문과 예술의 부활을 뜻했습니다. 중세 시대에 사라졌던 옛 그리스와 로마의 책과 예술품들이 다시 나타났습니다. 인간의 정신이 자유로워지면서 과학이 발달하고 문화는 훨씬 더 풍요로워졌습니다.

하느님에 관한 이야기만 쓰던 시인이나 소설가들은 조금씩 평범한 사람들의 이야기를 다루기 시작했습니다. 하느님이나 예수, 천사를 주로 그리던 화가들도 점차 사람을 그리기 시작했고요. 예술가들은 정해진 틀에서 벗어나 좀 더 자유롭게 작품을 만들었습니다. 이제 예술의 주제는 하느님에서 인간의 모습이나 인간의 자유로운 생각과 느낌으로 바뀌어 갔습니다.

레오나르도가 태어난 1452년은 그런 일이 한창 벌어지던 시기였습니다. 게다가 레오나르도가 태어난 이탈리아의 피렌체 공화국은 르네상스 문화가 시작되고 크게 발달한 곳이었지요.

한마디로 레오나르도 다 빈치는 르네상스 정신을 받아들이고 발전시킬 수밖에 없는 운명에 놓여 있었습니다. 그리고 진짜로 그렇게 살았습니다.

 중세의 몰락

　유럽을 다스리던 로마 제국, 특히 서로마 제국이 멸망한 뒤 이어진 시대가 바로 중세였습니다. 중세는 기독교와 교회가 모든 것을 지배한 시대였지요. 심지어 사람들의 생각이나 정신까지 《성경》의 가르침대로 결정되었으니까요.

　게다가 대부분의 사람들은 교회와 영주의 땅에 속박되어 노예와 같은 삶을 살았습니다. 반대로 귀족과 성직자들은 백성들을 지배하며 안락하게 살았지요. 그리고 사람들은 이 모든 것을 당연하게 여겼습니다.

　그런 상황에서 옛 그리스와 로마의 자유롭고 인간 중심적인 문화가 살아남을 수는 없었습니다. 남은 것이라고는 기독교와 관련된 것들뿐이었지요. 그래서 역사가들은 중세를 인류의 문명을 쇠퇴시킨 암흑의 시대라고 부릅니다.

　하지만 거의 1000년이나 계속되었던 중세도 1400년대에 이르러서는 거의 끝이 나고 있었어요. 상업과 교통이 발달하면서 중세의 좁은 세계가 무너진 데다, 인간 중심의 새로운 사상이 생겨나 널리 퍼져 갔기 때문이지요.

　바로 이 무렵에 태어난 레오나르도가 이 새로운 시대의 기운을 받지 않았다면 이상한 일일 것입니다.

피렌체가 싫어

　장인이 되고 나서도 레오나르도는 베로키오의 작업실에 머물면서 스승의 작업을 도왔습니다. 물론 그러면서 공부도 계속했지요. 곧바로 독립하지 못한 것은 아직 그럴 만한 돈이 없어서였습니다.

　이 무렵에 나온 레오나르도의 작품으로 '수태고지'가 있습니다. '수태고지'는 마리아에게 천사가 찾아와 아기 예수를 뱄다고 알려 주는 모습을 그린 것입니다.

　이 그림에는 아직도 베로키오의 영향이 보이긴 하지만, 레오나르도만의 독창적인 솜씨가 잘 드러나 있습니다. 가령 그림 전체가 통일되고 깊이가 있어 보인다든가, 빛이 고르게 퍼져 있어서 부드러움이 느껴진다든가 하는 점 등입니다. 이런 점들은 베로키오의 작품이나 작업실의 다른 그림들에서는 볼 수 없는 특징이었지요.

하지만 당시에 레오나르도가 주로 그린 것은 풍경화였습니다. 스승인 베로키오는 제자들에게 '자연은 미술의 어머니'라고 귀가 따갑게 얘기했습니다. 레오나르도는 그 가르침에 따라 자연을 관찰하고 스케치하는 훈련을 게을리 하지 않았습니다. 그러면서 자연의 참모습과 아름다움을 그리는 법을 익힐 수 있었지요.

사실 풍경화는 당시 화가들은 잘 그리지 않는 장르였습니다. 그런데도 레오나르도가 거기에 매달리고 있었던 데에는 또 다른 까닭이 있었습니다. 장인이 되었어도 좀처럼 이렇다 할 작업 주문이 들어오지 않았기 때문입니다. 친구인 보티첼리는 벌써 작업실을 열고 활발하게 활동하고 있었어요. 레오나르도는 속상하지만 풍경화를 그리며 공부에 몰두할 수밖에 없었습니다.

게다가 베로키오와 함께 일하는 것도 그다지 재미가 없었습니다. 베로키오의 작업에서 레오나르도가 맡아 하는 부분은 시시한 것뿐이었거든요. 중요한 부분은 대부분 레오나르도의 후배였던 로렌초 디 크레디가 맡았습니다. 로렌초 디 크레디는 한때 레오나

르도의 지도를 받기도 했는데, 어느새 성장하여 스승 베로키오의 믿음을 얻게 된 것입니다.

1476년에는 좋지 않은 일로 고발을 당하기까지 했습니다. 레오나르도는 두 달 동안 재판을 받아야 했고, 잠시 감옥에 갇히기도 했습니다. 다행히 증거가 없어서 무죄 선고를 받았지만, 이 일로 레오나르도는 마음에 커다란 상처를 입었습니다.

그런 가운데 레오나르도에게 드디어 첫 주문이 들어왔습니다. 정부에서 궁전 예배당에 그림을 그려 달라고 부탁한 것입니다. 선금도 꽤 두둑하게 받았습니다. 그러나 사정이 생겨 그림을 완성하지는 못했습니다.

그리고 몇 달 뒤에 또다시 주문을 받아 '브누아의 성모'를 비롯한 두 개의 성모 그림을 그렸습니다. 특히 '브누아의 성모'는 이전의 그림들과 달리 성모를 평범한 인간의 모습으로 그려서 사람들을 깜짝 놀라게 했습니다.

이런 몇몇 작업 덕분에 레오나르도의 이름이 어느 정도 알려지게 되었습니다. 레오나르도는 그 기세를 몰아 처음으로 자기 작업실을 갖추고 운영하기도 했습니다. 그 작업실에서 두 가지 주문을 받았는데, 그 가운데 하나가 바로 '성 히에로니무스'입니다. 안타깝게도 이 그림 또한 완성되지 못하고 밑그림인 채로 남아 있습니다. 하지만 풍부한 해부학 지식을 바탕으로, 굶주려 앙상한 성자 히에로니무스의 몸을 생생하게 그린 것으로 유명합니다.

한편 피렌체 분위기는 몹시 어수선했습니다. 큰 홍수가 나고 무서운 전염병이 돌아 사람이 많이 죽었거든요. 게다가 정치가들은 자기들끼리 피비린내 나는 싸움을 벌였습니다.

그 무렵 피렌체를 다스리던 사람은 메디치 가문의 로렌초였습니다. 메디치 가문은 상업과 은행업에 종사하며 큰돈을 벌었습니다. 피렌체를 다스릴 수 있었던 것도 다 그 덕분이었지요. 그런데 이 메디치 가문을 파치 가문 사람들이 습격한 것입니다. 자기들의 돈벌이 사업을 메디치 가문에서 가로채는 걸 두고 볼 수만은 없었기 때문입니다.

로렌초와 로렌초의 동생 줄리아노는 성당에서 미사를 보다가 반란자들의 칼에 찔렸습니다. 줄리아노는 그 자리에서 죽고, 로렌초는 간신히 살아서 도망쳤습니다. 로렌초는 곧바로 끔찍한 복수를 시작했습니다.

수많은 사람이 붙잡혀 죽임을 당했습니다. 대부분 파치 가문 사람들과 그들에게 협조한 사람들이었지요. 로렌초는 팔다리를 잘

라 창에 펜 주검을 길거리에 내걸었습니다. 재판을 받고 사형 판결을 받은 사람만 해도 100명이 넘었습니다.

도시 광장에서는 화형이나 교수형이 줄지어 집행되었습니다. 로렌초는 이 장면을 그림으로 남기려고 했어요. 그래서 알맞은 화가를 골라 그 일을 맡겼습니다. 지금으로 말하면 사진 기자 같은 일을 하게 한 것이지요.

레오나르도는 그 일을 맡고 싶어 했습니다. 교수형이 집행되는 곳에 나가 직접 그림을 그린 것도 그 때문이었습니다. 레오나르도는 교수형을 받는 사형수의 모습을 자세히 관찰하고 세밀하게 스케치했습니다. 사형수의 옷차림을 글로 적어 두기까지 했지요.

하지만 모두 헛수고였습니다. 정부가 보티첼리에게 그 일을 맡겨 버리는 바람에 레오나르도의 기대는 끝내 이루어지지 못했으니까요. 레오나르도는 크게 실망했습니다. 그리고 피렌체가 자꾸자꾸 싫어졌습니다.

 메디치 가문

 레오나르도가 살던 시대의 이탈리아는 왕족이 아닌 공작이나 귀족 집안이 한 도시나 지방을 다스리는 일이 많았습니다. 레오나르도가 도제 생활을 하고 작업실을 열었던 피렌체도 마찬가지였지요.

 그 무렵 피렌체를 다스린 것은 메디치 가문이었습니다. 메디치 가문 사람들은 1434년부터 1737년까지 피렌체와 토스카나 지방을 다스렸습니다. 그러는 동안 4명의 교황과 유럽 여러 왕가의 왕비를 배출할 정도로 그 기세가 등등했습니다.

 메디치 가문은 원래 농사를 짓던 보잘것없는 가문이었습니다. 하지만 1100년대에 피렌체로 이주해 와 상업과 은행업에 종사하며 큰돈을 벌었습니다. 피렌체와 토스카나 지방을 차지할 수 있었던 것도 그 덕분이었지요.

 메디치 가문 사람들은 주변 지역의 통치자들을 황금으로 매수하여 자기편으로 만들었습니다. 그리고 피렌체의 가난한 사람들의 지지를 받기 위해 그들에게 아낌없이 베풀었습니다. 또한 학문과 예술의 발전에 관심이 많아서 학자들과 예술가, 건축가들을 후원해 주었습니다. 심지어 스스로 예술 활동에 몰두한 사람도 있었다고 합니다.

밀라노로

피렌체가 싫어진 건 그 때문만은 아니었습니다. 레오나르도는 미술을 대하는 메디치 가문의 태도도 마음에 들지 않았습니다.

원래 메디치 가문 사람들은 대대로 학문과 예술을 후원해 주는 것으로 유명했습니다. 덕분에 피렌체에서는 훌륭한 학자와 예술가가 많이 나왔습니다. 로렌초도 마찬가지였습니다. 다만 학문이나 다른 예술 분야에 비해 미술에 대한 관심은 크지 않았습니다. 그래서 몇몇 사람말고는 미술가를 잘 후원하지 않았습니다. 게다가 자기를 과시하거나 정치적 목적을 위해 미술가들을 이용했습니다.

그 무렵, 로렌초에게 미술가나 건축가를 보내 달라고 요청하는 도시나 왕이 많았습니다. 도시가 발달하면서 건축물을 짓거나 미술 작품을 만드는 일이 흔했거든요. 로마 교황 식스투스 4세도 그 가운데 한 사람이었습니다. 교황은 자기의 이름을 딴 시스티나 성당에 그림을 그릴 훌륭한 화가들이 필요했습니다.

시스티나 성당의 일은 엄청나게 크고 대단한 작업이었습니다. 피렌체의 미술가들은 모두 그 일을 하고 싶어 했습니다. 물론 레오나르도도 마찬가지였고요. 하지만 로렌초는 레오나르도를 뽑지 않았습니다. 반면에 보티첼리를 비롯한 레오나르도의 동료들은 대부분 일을 맡게 되었습니다.

레오나르도의 실망감은 너무나 컸습니다. 아무래도 로렌초와는 잘 맞지 않는 것 같았어요. 로렌초가 있는 한 피렌체에서는 제대로 일을 할 수 없을 거라는 생각이 들었습니다. 레오나르도는 이제는 정말로 피렌체를 떠나고 싶었습니다.

'동방 박사의 경배'는 바로 그 시기에 그린 그림입니다. 산 도나토 수도원의 주문을 받아 그리기 시작한 이 그림은 '성 히에로니무스'처럼 완성되지 못한 채 밑그림으로만 남아 있습니다. 그럼에도 많은 사람에게서 굉장히 훌륭한 그림이라는 찬사를 받았

답니다. 이 그림의 새롭고 독창적인 구도와 세련된 원근법, 그리고 자연스러운 인물 묘사는 오직 레오나르도만이 보여 줄 수 있는 것이었어요.

다른 화가들의 반응도 굉장했습니다. 라파엘로와 미켈란젤로는 이 그림을 보고 놀라서 입을 다물지 못했다고 합니다. 심지어 보티첼리를 비롯한 몇몇 화가는 자기의 작품에서 어설프게 흉내를 내기도 했습니다.

하지만 이 모든 것도 혼자만 로마에 가지 못한 레오나르도의 아픔과 부끄러움을 달래 주지는 못했습니다. 레오나르도는 떠날 기회만 노렸습니다. 하루라도 빨리 스승 베로키오와 작업실 동료들이 있는 피렌체를 벗어나 자기만의 길을 가고 싶었습니다.

얼마 뒤, 마침내 기회가 왔습니다. 로렌초가 레오나르도를 밀라노의 루도비코 스포르차 공작에게 보낸 것입니다. 레오나르도는 베로키오 작업실에서 배운 금세공 기술로 은으로 만든 악기에 조각을 한 적이 있습니다. 그런데 우연히 그 악기를 본 로렌초가 그것을 스포르차에게 보내고 싶어 했지요. 레오나르도는 마침 잘됐다는 생각에 로렌초에게 자기가 직접 갖다 주겠다고 말해서 허락을 받은 것입니다.

　서른 살이던 1482년, 레오나르도는 음악을 하는 친구인 아탈란테 밀리오로티와 함께 밀라노로 떠납니다. 그리고 그곳에서 음악 재능을 살려 잠시 음악가로 활동하기도 합니다. 하지만 그건 레오나르도가 바라던 것이 아니었습니다. 그래서 일자리를 구하는 내용의 편지를 스포르차에게 보냅니다.

　레오나르도는 편지에 자기가 여러 가지 전투 기계를 만들 수 있고, 뛰어난 건축 기술을 가지고 있다고 적었습니다. 그러면서 자기가 생각해 놓은 무기와 기술을 하나하나 적어 놓았습니다.

저는 운반하기 쉽고 튼튼하며 가벼운 다리를 생각해 놓았습니다. 이 다리를 이용하면 적을 뒤쫓을 수 있고, 피해서 달아날 수도 있습니다. 이 다리는 아주 튼튼하고, 불에 타지 않으며, 쉽게 만들고, 금방 치울 수 있습니다.

또한 개천에서 물을 끌어오는 기구도 만들 수 있습니다. 적의 성벽을 쉽게 무너뜨리는 쇠뭉치와 성벽을 타고 넘는 사다리 같은 기구도 만들 줄 압니다. 흙으로 쌓아 올린 곳에 지은 요새나 진지를 무너뜨리는 방법도 알고 있습니다.

쓰기 편하고 운반하기 쉬운 대포도 생각해 놓았습니다. 구불구불한 비밀 통로와 깊은 땅굴을 소리 안 내고 팔 수 있는 기술도 있습니다.

저는 또 덮개가 있어서 안전하고 부서지지 않는 전차를 만들 생각입니다. 필요하다면 커다란 대포와 옛날식 대포, 지금보다 더 좋은 화염 무기도 만들 수 있습니다. 그리고 대포 공격이 안 될 때 쓸 수 있는 여러 가지 화살 무기도 만들 줄 압니다. 대포 공격에도 끄떡없는 군함을 제조할 수도 있습니다.

저는 평화로울 때는 여러 가지 건물을 지을 수 있습니다. 또한 대리석이나 청동, 흙으로 조각을 할 수 있고, 그림도 다른 사람들만큼은 그릴 수 있습니다.

당시 이탈리아는 그 어느 때보다 전쟁의 위험이 높았습니다. 각 나라와 도시들은 상황에 따라 서로 침략하거나 동맹을 맺었습니다. 그것은 밀라노도 마찬가지였지요. 그래서 스포르차에게 당장 필요한 것은 그림보다는 무기였습니다. 레오나르도가 자기를 미술가보다는 무기 기술자로 소개한 것도 바로 그 때문이었습니다. 어쨌든 일자리부터 얻어야 했으니까요.

편지를 보내고 나서 얼마 뒤, 레오나르도는 스포르차의 부름을 받았습니다. 스포르차는 레오나르도가 자기에게 필요한 사람이라고 생각한 것입니다. 레오나르도는 곧바로 요새 건설 자문관이자 궁정 소속 화가, 궁정의 잔치와 축제 담당자로 일하게 되었습니다. 이제 밀라노에서 본격적으로 새로운 삶을 살게 된 것입니다.

 루도비코 스포르차

　루도비코 스포르차는 밀라노를 다스리던 공작으로, '일 모로'라고도 불렸던 사람입니다. 일 모로란 무어 사람이라는 뜻인데, 까무잡잡한 피부와 검은 머리카락 때문에 생긴 별명입니다.

　스포르차는 원래 밀라노의 통치자였던 형 갈레아노 마리아 밑에 있었습니다. 하지만 갈레아노 마리아가 일곱 살밖에 안 된 어린 아들만을 남기고 죽임을 당하자, 스스로 통치자가 되겠다는 야심을 품게 되었지요. 두 번의 시도 끝에 스포르차는 결국 형수를 쫓아내고 어린 조카 뒤에서 정치를 하는 통치자가 됩니다.

　스포르차는 이렇게 부당하게 권력을 빼앗았기 때문에 늘 불안했습니다. 그래서 교황이나 주변의 다른 통치자들과 좋은 관계를 맺으려고 노력했습니다. 시민들에게 화려한 축제를 자주 베풀고, 메디치 가문처럼 예술가와 학자들을 불러 모아 후원해 준 것도 그 때문이었습니다.

　하지만 스포르차는 본래 교활하고 무자비한 폭군이었습니다. 주변의 통치자들은 스포르차의 야욕과 술수 때문에 골탕을 먹곤 했지요. 밀라노 시민들은 무거운 세금 때문에 원성이 높았고요. 스포르차는 결국 나중에 프랑스 군대의 침략을 받고 쫓겨나고 맙니다. 밀라노의 시민들이 거기에 힘을 보탠 것은 물론입니다.

 레오나르도의 스승 베로키오

　1435년에 태어난 안드레아 델 베로키오는 집안 형편이 좋지 않아 돈을 벌어 형제들을 먹여 살려야 했습니다. 어려서부터 금세공 기술을 배운 것도 그 때문이었지요.

　그 뒤 도나텔로의 밑에서 도제 생활을 하며 조각을 배웠습니다. 하지만 어떤 이들은 베로키오의 작품으로 보아 도나텔로가 아니라 안토니오 로셀리노에게 배웠을 거라고 추측하기도 합니다. 그림을 배운 것은 아마 서른 살이 다 된 1400년대 중반일 것입니다.

　보티첼리와 함께 프라 필리포 리피 밑에서 일하던 베로키오의 재능이 활짝 꽃핀 것은 메디치 가문의 후원을 받으면서부터였습니다. 베로키오는 피렌체에 작업실을 열고 메디치 가문을 위해 훌륭한 그림과 조각 작품을 많이 만들었습니다. 또한 메디치 가문의 고미술품들을 관리하고 손상된 조각품을 복원하기도 했습니다.

　그러면서 베로키오의 명성은 이탈리아 전체에 널리 퍼졌습니다. 그 명성을 듣고 수많은 화가 지망생이 찾아와 베로키오의 도제가 되었습니다. 베로키오는 그들을 가르쳐 훌륭한 예술가로 만들었습니다. 물론 레오나르도도 그 가운데 한 사람이었지요.

뭐든지 할 수 있는 사람

그 무렵 밀라노에는 페스트라는 무서운 전염병이 퍼졌습니다. 흑사병이라고도 하는 이 병은 2년 동안 밀라노를 휩쓸었습니다. 죽은 사람만 해도 몇 만 명에 이르러서, 밀라노 시민 세 명 가운데 한 명꼴로 목숨을 잃었다고 합니다.

얼마나 많은 사람이 죽었는지 길거리에 주검이 널려 있을 정도였습니다. 사람들은 두려움에 떨며 모두 도망쳤고, 스포르차 공작도 먼 시골로 가서 숨어 버렸습니다.

레오나르도는 다행히 병에 걸리지 않았습니다. 하지만 그런 비참한 광경을 지켜보며 몹시 가슴 아파 했지요.

'왜 페스트 같은 병이 도는 걸까? 미리 막을 수는 없을까?'

레오나르도는 밀라노에 인구가 너무 많은 게 문제라고 보았습니다. 사람이 빽빽이 모여 살다 보니 환경이 더러워지고 위생 상태가 나빠진 것입니다. 그래서 새로운 시가지를 만들어야겠다고 생각하고 곧 밀라노 지도를 그리기 시작했습니다. 레오나르도는 예전에 공부했던 건축 이론을 바탕으로 밀라노를 새롭게 설계해 보았습니다.

이 설계에 따르면 밀라노는 열 개의 작은 도시로 나뉩니다. 그리고 각 도시마다 집을 5000채씩 지어 사람들을 살게 합니다. 도시 안에는 운하가 마치 바둑판처럼 가로 세로로 연결되어 있습니다. 그래서 배가 자유롭게 다닐 수 있을 뿐만 아니라, 밭에 물도 대고 거리도 늘 깨끗이 청소할 수 있습니다.

또한 따로 도랑을 파서 하수도로 쓰게 하고, 변소도 많이 짓습니다. 당시 밀라노 시민들은 더러운 물을 길거리에 마구 버리는가 하면, 아무 데서나 소변이나 대변을 보는 일이 흔했거든요. 레오나르도는 특히 여럿이 쓰는 건물의 계단은 소용돌이 모양으로 만들어야 한다고 생각했습니다. 왜냐하면 직선 모양의 계단 아래 컴컴한 공간에서 사람들이 대소변을 본다는 걸 잘 알고 있었기 때문

입니다.

    레오나르도는 이렇게 도시를 새로 꾸미면 병이 퍼질 염려가 없을 거라고 생각했습니다. 하지만 안타깝게도 이 계획은 실현되지 못했습니다. 밀라노 사람들의 관심을 끌지 못한 데다, 비용이 너무 많이 든다고 생각한 레오나르도가 정부에 계획서를 제출하지 않았기 때문입니다.

페스트가 물러가자 밀라노는 다시 활발한 도시로 변했습니다. 여기저기에서 건축 공사가 시작되었지요. 밀라노 대성당의 채광탑 건축 공사도 그 가운데 하나였습니다. 이 탑의 건축 공사를 맡으려고 유명한 건축가들이 밀라노로 몰려들었습니다.

1487년, 레오나르도도 이 공사에 지원했습니다. 그리고 설계도를 몇 개 만들고 탑의 모형도 만들었습니다. 공사 책임자인 성당의 신부에게 편지를 보내기도 했지요.

'환자를 돌보는 의사들은 생명이 무엇이고 건강을 지키려면 어떻게 해야 하는지 잘 압니다. 그와 마찬가지로 저는 병든 건축물을 건강하게 유지하는 법을 알고 있습니다.'

그러면서 자기가 만든 설계도와 모형이 밀라노 대성당에 딱 맞는다고 적었습니다. 레오나르도는 건축물이 인간의 몸과 같고, 건축가는 그 몸을 돌보는 의사라고 생각했습니다. 그래서 건축가는 건축물이 균형과 조화를 이루어 건강하도록 설계해야 한다는 것이었지요. 안타깝게도 레오나르도는 공사를 맡지 못했습니다. 하지만 레오나르도의 생각은 공사에 깊이 반영되었습니다.

이 무렵 레오나르도는 화가일 뿐만 아니라 이미 기술자이며 건축가였습니다. 레오나르도는 성벽을 튼튼하게 쌓는 방법을 연구

하기도 하고, 몇몇 교회의 설계도를 다시 그려 보기도 했습니다. 또한 옛 로마 시대의 극장을 관찰하여 음향 효과가 뛰어난 극장을 설계하기도 했지요. 그리고 틈날 때마다 건축과 기계에 관한 책들을 읽고 연구했습니다. 덕분에 레오나르도는 언제부터인가 뭐든지 할 줄 아는 사람이 되어 있었습니다.

레오나르도는 밀라노에 온 뒤로 종이쪽지에 그때그때 생각나는 것을 적는 버릇이 생겼습니다. 그렇게 쓴 종이쪽지가 1만 3000장이나 된다고 합니다. 거기에는 무기, 건축학, 수력학, 수학, 천문학, 광학, 해부학 등 갖가지 학문과 관련된 내용은 물론 온갖 궁금증과 발명 아이디어 등이 적혀 있었습니다. 심지어 이런 글귀도 있습니다.

'플랑드르 사람들은 어떻게 얼음 위를 달릴까?'

레오나르도는 스케이트라도 만들고 싶었던 걸까요? 그랬을지도 모릅니다. 사실 레오나르도는 온갖 도구와 기계 장치를 생각해 냈거든요. 과일의 즙이나 기름을 짜는 기구, 저절로 닫히는 문, 나뭇가지 모양의 촛대, 밝기를 조절할 수 있는 등, 접을 수 있는 가구, 금고의 자물쇠, 특이한 거울들, 환자 치료용 안락의자, 건조기, 호수에서 물을 빼는 기중기, 커튼을 올리고 내리는 장치, 낙하산, 물갈퀴, 날개, 자전거, 인쇄기, 자동으로 움직이는 수레, 회전하면서 고기를 굽는 기구, 물자명종 시계 등등. 이 모든 게 레오나르도가 생각해 낸 것들입니다. 참으로 놀라운 발명가지요?

1490년, 스포르차 공작은 자기 조카의 결혼식을 축하하는 축제를 열었습니다. '행성들의 무도회'라고 불린 이 축제를 맡아서 진행한 사람은 당연히 레오나르도였습니다. 레오나르도는 온갖 기발한 생각으로 축제를 재미있게 만들었습니다.

신기한 복장을 한 사람들의 갖가지 행렬이 이어졌고, 배우와 시인들이 음악에 맞춰 노래와 춤을 추었습니다. 출연자들의 옷이나 도구는 모두 레오나르도가 직접 디자인한 것이었지요. 무도회장을 아름답게 꾸민 것도 물론 레오나르도였고요.

'행성들의 무도회'에서 가장 흥미로웠던 것은 우주의 모습을 보여 주는 기계 장치였습니다. 이것은 지구와 해, 달, 행성과 별자리들을 나타낸 것으로, 커다란 반구 모양이었습니다. 레오나르도는 이 화려한 장치의 주위에 행성으로 분장한 배우들을 배치해 빙빙 돌며 춤을 추게 했습니다. 아름답고 신비로운 음악이 연주되는 가운데 행성의 신으로 분장한 배우들이 공작 부인을 찬양하는 시를 읊으면서 축제는 절정에 이르렀습니다.

'행성들의 무도회'는 원래의 목적을 달성하고 큰 성공을 거두었습니다. 덕분에 레오나르도는 만능 기술자로 더욱 이름을 날리게 되었지요. 하지만 레오나르도가 정말로 하고 싶은 건 따로 있었습니다. 바로 스포르차 공작 아버지의 청동 기마상을 만드는 것이었습니다.

 **페스트**

페스트는 흑사병이라고도 합니다. 쥐벼룩이 옮기는 페스트균에 의해 생기는 전염병이지요. 쥐벼룩이 쥐나 고양이 같은 동물들의 몸에 붙어살기 때문에 병에 걸린 쥐나 고양이를 접촉하면 사람에게도 전염이 됩니다.

이 병은 원래 중국과 아시아 내륙에서 생겼는데, 1347년 몽골 군대의 침략으로 유럽에 처음으로 들어왔다고 합니다. 그 뒤 유럽의 항구 도시들로 퍼져 나갔고, 몇 차례 유럽 전체에 걸쳐 크게 발생했습니다. 레오나르도가 직접 본 페스트 사태도 그 가운데 하나였지요.

페스트가 한번 발생하면 엄청나게 많은 사람이 목숨을 잃었습니다. 어느 역사가에 따르면 페스트가 한창일 때 유럽 인구의 3분의 1이 그 병에 걸려 죽었다고 합니다. 또 영국의 한 기록을 보면 1400년의 영국 인구는 1300년의 반밖에 되지 않습니다. 게다가 인구가 준 마을이 100여 곳이나 되고, 아예 사라져 버린 마을도 많았습니다. 그러니 페스트가 얼마나 무서운 병이었는지 알 수 있겠지요?

 레오나르도가 남긴 종이쪽지

레오나르도는 자기가 본 것, 새로 알아낸 것, 배운 것, 그리고 궁금한 것 등을 그때그때 쪽지에 글과 그림으로 적어 두었습니다. 그렇게 메모한 종이쪽지가 지금 남아 있는 것만 해도 6000장이 넘는다고 합니다. 없어진 것까지 합하면 아마 그 두 배도 넘을 것입니다.

종이쪽지에는 순수한 스케치는 물론 자연을 관찰한 기록들과 수학, 물리학, 음악, 건축학, 철학, 문학 등 온갖 학문 분야와 관련된 내용이 담겨 있습니다. 물론 갖가지 군사 무기나 기발한 도구의 아이디어, 도시 계획도, 건축 설계도 등도 포함되어 있지요.

레오나르도는 이 쪽지들을 책으로 출판할 생각이었습니다. 하지만 그 꿈은 살아생전에 이루어지지 못했습니다. 결국 종이쪽지 더미는 죽는 순간까지 레오나르도의 곁을 지켰던 프란체스코 멜치에게 유산으로 남겨졌습니다.

스포르차의 청동 기마상

　레오나르도는 피렌체에서 이미 스포르차의 청동 기마상 제작에 관한 소문을 들었습니다. 피렌체를 떠나 하필 밀라노로 온 것도 사실은 그 청동 기마상 때문이었지요.

　스포르차 공작은 오래 전부터 자기 아버지의 동상을 만들고 싶어 했습니다. 스포르차 가문은 밀라노를 다스린 지 얼마 안 된 상태였고, 공작 칭호를 얻은 것도 겨우 스포르차 공작의 아버지 때였지요. 그래서 뭔가 가문의 힘을 보여 줄 게 필요하다고 생각했던 것입니다.

　이 청동 기마상에 관심을 가진 예술가는 단지 레오나르도만이 아니었습니다. 하지만 궁정에서 일하면서 공작의 신임을 얻은 레오나르도가 결국 일을 맡게 되었지요. 레오나르도는 벌써 몇 년 전부터 어떻게 만들지 생각해 놓았습니다. 그래서 모두가 좋아할 멋진 작품을 만들 자신이 있었습니다.

레오나르도가 맨 처음 주문을 받은 것은 1488년 무렵이었습니다. 하지만 작업을 시작한 지 얼마 안 되어 중단되고 말았습니다. 이미 최고의 건축가이자 기술자가 된 레오나르도가 제대로 작업을 하지 못한 건 무슨 까닭일까요?

애초에 레오나르도는 말이 앞발을 들고 일어선 모습으로 기마상을 만들려고 했습니다. 그래서 그런 말의 모습을 밑그림으로 많이 그렸습니다. 밀랍으로 작은 모형을 여러 개 만들어 보기도 했고요.

그런데 스포르차 공작이 동상에 대한 생각을 바꾸는 바람에 문제가 생겼습니다. 공작은 처음에는 실물 크기의 동상을 원했습니다. 하지만 나중에 생각을 바꾸어 그보다 서너 배는 큰 동상을 만들어 달라고 했습니다.

그런데 공작이 원하는 대로 만들면 동상의 무게는 몇 천 킬로그램이나 될 것이었습니다. 그래서 애초의 생각대로 말을 만들면 동상은 그 엄청난 무게를 못 견디고 무너져 버릴 수밖에 없었지요.

결국 레오나르도는 평범하게 걷는 것으로 말의 모습을 바꾸어야 했습니다.

게다가 그 무렵 스승이었던 베로키오가 죽었습니다. 옛 스승의 갑작스러운 죽음에 레오나르도는 일을 제대로 할 수 없을 만큼 충격을 받았습니다. 더욱이 레오나르도는 베로키오가 만들던 콜레오니 장군 동상에서 많은 도움을 받고 있었거든요. 결국 청동 기마상 작업은 중단되고 말았습니다.

레오나르도가 다시 작업에 착수한 것은 그로부터 몇 년이 지난 뒤였습니다. 정부가 기다리다 못해 다른 조각가를 구하겠다고 으름장을 놓았기 때문입니다. 레오나르도는 다시 말들을 관찰하고 밑그림을 그렸습니다. 그리고 1493년, 마침내 점토로 실제 동상 크기의 모형을 만들었습니다.

이 모형은 밀라노 시내의 커다란 광장에 전시되었습니다. 스포르차 공작의 바람대로 어마어마하게 커서, 말의 크기만 해도 7미터가 넘었습니다. 받침대와 말 위에 탄 기수까지 계산하면 높이는 아마 그 두 배는 되었을 것입니다.

사람들은 하나같이 찬사를 보냈습니다. 한 시인은 이렇게 노래했습니다.

'옛 그리스 사람들도, 로마 사람들도 이보다 더 훌륭한 것은 절대 못 보았으리라!'

레오나르도를 승리자로 찬양한 시인도 있었습니다.

'이긴 자에게 승리가 있을지니, 그대 빈치 오 승리자여. 그대는 승리를 거두었다네!'

레오나르도의 기마상에 관한 소문은 눈 깜짝할 사이에 온 이탈리아에 퍼졌습니다. 그와 더불어 레오나르도는 이탈리아 최고의 조각가로 알려졌고요.

하지만 작업이 다 끝난 건 아니었습니다. 가장 힘든 일, 곧 모형을 청동으로 주조하는 작업이 남아 있었기 때문이지요. 더구나 이렇게 커다란 조각품을 주조하는 데는 어려움이 많이 따랐습니다.

레오나르도는 구리를 녹이는 법과 합금하는 법, 겉면에 윤을 내는 법 등을 연구했습니다. 그래서 내린 결론은 동상을 단 하나의 덩어리로 주조해야 한다는 것이었습니다.

당시에는 청동상 만드는 것이 너무 어려워 청동상을 보통 여러 부분으로 나누어 주조했습니다. 하지만 이 방법으로 하면 모양이 깔끔하지 않았고, 고르게 주조되지 않아 전체 무게를 맞추기가 힘들었습니다. 레오나르도는 이렇게 큰 기마상은 그런 식으로 만들

수 없다고 생각했습니다.

레오나르도는 여러 가지 주조 방법과 재료들로 실험을 했습니다. 그리하여 1494년에 주조 방법을 결정하고, 주조 틀과 가마를 마련했지요. 주조 준비를 거의 다 마친 것입니다.

그런데 하필이면 그 무렵에 프랑스 군대가 이탈리아를 쳐들어왔습니다. 프랑스 군대는 나폴리를 점령하고 다른 도시들도 위협했습니다. 밀라노도 물론 안전하지 않았습니다. 두려움에 사로잡힌 밀라노 정부는 온 힘을 다해 군대를 키우고 무기를 늘렸습니다. 그래서 애초에 청동 기마상 주조에 쓰일 청동마저 대포 만드는 데 들어가고 말았습니다.

결국 10여 년에 걸친 레오나르도의 작업은 끝이 날 수밖에 없었습니다. 그나마 만들어 놓은 점토 기마상도 나중에 비참한 운명을 맞이하게 되었습니다.

새로운 그림을 탄생시키다

　밀라노에 자리를 잡은 뒤, 레오나르도는 주로 건축가이자 조각가, 기술자로 활동했습니다. 그러면서 만능 기술자로 이름을 날렸습니다.

　하지만 그림을 전혀 안 그린 것은 아닙니다. 건축을 하고 기계를 만들었어도 어쨌든 레오나르도는 화가였으니까요.

　'바위 굴의 성모'는 밀라노에 와서 맨 처음 그린 그림입니다. 이 그림은 《성경》 속 이야기를 그린 것입니다. 헤롯 왕의 살해 위협을 피해 이집트로 피신하던 마리아 가족이 사막의 바위 굴에서 아기 요한을 만나는 장면이지요.

본래 이 그림을 주문한 성당에서는 하느님과 두 명의 예언자, 그리고 천사 여러 명을 넣어 달라고 했습니다. 게다가 빛깔이며 배경과 같은 자질구레한 것을 일일이 정해 놓았지요.

그래서 마리아와 하느님은 짙은 청색과 황금빛 옷을 입고, 천사들은 황금빛 후광에 둘러싸여 있어야 했습니다. 또한 아기 예수는 황금빛 단상 위에 서 있도록 하고, 산과 바위를 전체 배경으로 삼도록 했습니다.

그것은 예전에 많은 화가가 그리던 방식이었습니다. 스승 베로키오도 그런 식으로 그린 적이 있었습니다.

하지만 레오나르도는 그러고 싶지 않았습니다. 예전의 형식을 그대로 되풀이하거나 다른 사람들을 흉내 내는 것은 도저히 참을 수 없는 일이었으니까요. 레오나르도는 성당의 요구를 받아들이지 않았습니다.

결국 완성된 그림에는 하느님도 예언자도 없었습니다. 천사도 딱 한 명뿐이었고요. 게다가 마리아와 천사는 아름답지만 평범한 인간의 얼굴을 하고 있었습니다. 황금빛 옷을 입지도 않았고, 후광에 둘러싸이지도 않았습니다. 아기 예수와 아기 요한의 모습도 성당에서 정해 준 것과 전혀 달랐습니다.

하지만 그림은 마치 연극의 한 장면 같았고, 뭔가 흥미로운 이야기를 담고 있는 듯했습니다.

이것은 새로운 그림이었습니다. 이전에 그렸던 '브누아의 성모'나 '동방 박사의 경배' 같은 그림보다 훨씬 더 새로웠지요. 세밀한 부분을 정확하게 표현하고, 빛과 어둠을 세련되게 활용한 그림 솜씨는 보는 사람의 감탄을 자아냈습니다. '바위 굴의 성모'는 단숨에 밀라노 사람들에게 큰 화젯거리가 되었습니다.

하지만 스포르차 공작의 신임을 얻게 해 준 그림은 바로 '담비를 안은 부인'입니다. 이 초상화는 제목처럼 담비를 안고 있는 한 젊은 부인의 모습을 그린 것입니다. 초상화의 주인공은 다름 아닌 스포르차 공작의 애인이었던 체칠리아 갈레라니라는 여인이고요.

그림 속의 갈레라니의 모습은 너무나 생생해서 마치 살아 있는 듯합니다. 그림을 본 한 시인은 그것을 이렇게 표현했습니다.

'실물이 시샘을 하네. 이 아름다운 여인이 정말 살아 있어 말하는 걸 듣는 것 같기 때문이지. 여인은 단지 말을 못할 뿐이라네.'

한 가지 특이한 점은 갈레라니가 안고 있는 담비입니다. 젊고 아름다운 여인이 도대체 왜 저렇듯 사나운 짐승을 안고 있는 것일까요?

담비는 스포르차 가문을 상징하는 동물입니다. 레오나르도는 아마도 갈레라니가 스포르차 가문의 여인이라는 것을 나타내려고 한 모양입니다. 또한 담비가 길들여지기 어려운 동물이라는 점에서 어쩌면 순결의 상징으로 그려 넣은 것인지도 모르지요.

또 하나, 레오나르도는 이 초상화에 배경을 넣지 않았습니다. 아마도 아름다운 갈레라니의 얼굴을 두드러지게 하고 싶었나 봅니다. 갈레라니의 품에 안긴 담비가 배경 역할을 하는 것 같기도 하고요.

레오나르도는 비슷한 때에 '아름다운 페로니에르'라는 초상화도 그렸습니다. 이 작품도 '담비를 안은 부인'과 마찬가지로 배경이 없습니다. 담비 같은 소품도 없고요. 그래서인지 인물의 표정이 좀 더 강렬하게 나타나 있습니다. 살아 있는 것처럼 생생한 것도 갈레라니의 초상화와 비슷하지요.

레오나르도가 자기의 작업실을 연 것이 바로 그 무렵이었습니다. 스승이던 베로키오가 죽은 지 얼마 안 되었을 때지요. 옛날에 자기를 가르쳤던 베로키오처럼, 이제는 레오나르도가 제자를 받아들이고 키우게 된 것입니다. 좀 더 안정적으로 활동할 수 있게 된 것도 아주 다행스런 일이었습니다.

레오나르도는 좀 더 본격적으로 그림을 연구하기 시작했습니다. 원근법과 비례 같은 원리와 스푸마토 같은 표현 기법들을 그림을 통해 직접 실험한 것입니다. 그리고 미술에 관한 자신의 생각을 열심히 정리하고 기록했습니다. 여기에는 오랫동안 공부해 온 여러 학문이 큰 도움이 되었습니다.

물론 레오나르도에 앞서서 과학적인 방법으로 미술을 연구한 이들도 있었습니다. 바로 〈회화의 원근법에 관하여〉라는 논문을 쓴 피에로 델라 프란체스카나, 건축 이론을 정리해 논문으로 쓴 레온 바티스타 알베르티 같은 이들이지요.

레오나르도는 당연히 이 사람들의 논문을 읽고 공부했지만, 거기에서 훨씬 더 나아갔습니다.

레오나르도는 과학이나 철학처럼 미술도 자연에서 출발한다고 생각했습니다. 레오나르도가 보기에 자연은 미술의 어머니였습니다. 심지어 화가도 자연의 한 부분이었지요. 그래서 화가는 자연을 직접 관찰하여 지식을 얻고, 그 지식을 바탕으로 자연의 참모습을 그림으로 나타내야 한다고 생각했습니다.

레오나르도의 그림이 이전 화가들이 그린 것보다 훨씬 자연스럽고 생생한 것은 바로 그 때문입니다. 사람이든 풍경이든 작고 세밀한 것까지 신중하게 관찰하고, 부풀리거나 빠트림이 없이 정확하게 그렸거든요. 레오나르도가 사용한 세련된 원근법도 그러한 태도에서 비롯되었음은 물론입니다.

레오나르도는 또한 화가의 개성과 창의력을 특히 중요하게 생각했습니다. 하지만 그 무렵에 활동하던 화가들은 아직 자기의 생각이나 느낌을 표현하려는 욕심이 없었습니다. 그저 옛날부터 내려오는 형식에 따라 그릴 뿐이었지요. 레오나르도는 그래서는 안 된다고 생각했습니다. 그래서 종이쪽지에 이런 글귀를 남기기도 했습니다.

'어느 누구도 다른 사람의 방식을 흉내 내서는 안 된다. 그렇게 하면 그 사람은 자연의 아들이라고 할 수 없다.'

중요한 것은 자신의 개성을 살려 새롭고 자유롭게 창조하는 것이었습니다. 레오나르도는 그림이란 단순한 노동이 아니라, 정신적인 작업으로 만들어지는 것이라고 여겼습니다. 제자들을 가르칠 때 될 수 있는 대로 작품 전체를 알아서 그리도록 한 것도 그래서였지요.

1495년 스포르차 공작의 주문을 받아 1498년에 완성한 '최후의 만찬'은 레오나르도의 그러한 창조 정신이 가장 화려하게 꽃핀 작품입니다. 이 그림에 나타난 놀라운 과학 정신과 인간중심주의는 다른 화가들에게 커다란 영향을 끼쳤습니다.

 원근법

원근법은 미술의 가장 위대한 발견이며, 투시도법이라고도 부릅니다. 한마디로 대상을 우리 눈에 실제로 보이는 것처럼 거리감과 입체감을 주어서 그리는 것이지요. 다시 말하면 먼 것은 멀게, 가까운 것은 가깝게 그리는 것입니다.

이 기법은 과학의 발달과 더불어 르네상스 시대에 크게 발전했습니다. 원근법의 원리를 과학적으로 정리한 사람은 알베르티라는 학자였습니다. 알베르티는 화가, 조각가, 건축가들과 사귀면서 그들에게 큰 영향을 끼쳤습니다.

그 뒤 화가들은 너도나도 원근법을 연구하고 그림에 적용하기 시작했습니다. 피에로 델라 프란체스카나 만테냐 같은 사람들이 대표적이지요. 특히 마사초는 처음으로 원근법을 활용한 화가로 유명합니다. 마사초가 그린 벽화인 '성 삼위일체'를 본 사람들은 벽에 구멍이 뚫렸다며 깜짝 놀랐다고 합니다.

레오나르도는 아마도 원근법을 가장 잘 활용한 화가일 것입니다. 그것은 '바위 굴의 성모'나 '최후의 만찬', '모나리자'를 보면 잘 알 수 있습니다.

고기는 싫어

　레오나르도는 유난히 동물을 좋아했습니다. 그래서 갖가지 동물들을 기르며 온갖 정성을 쏟아 돌봤습니다. 특히 말을 좋아해서, 형편이 그리 넉넉하지 않을 때에도 무리해서 여러 마리를 키우곤 했지요.

　뿐만 아니라 장에라도 가면 새를 사 와서는 새장을 열어 풀어 주기도 했습니다. 왜 그러느냐고 누가 물으면 이렇게 대답했습니다.

　"새는 원래 하늘을 훨훨 날아다니는 동물입니다. 그러니 이렇게 새장에 가둬 놓으면 안 되지요."

　그런 레오나르도가 동물을 괴롭히거나 해치는 걸 싫어하는 건

너무나 당연했습니다. 레오나르도는 자연 속에서 동물과 동물이 서로 잡아먹으며 살아야 한다는 게 너무나 슬펐습니다. 도대체 하느님은 왜 세상을 그렇게 만들었을까요?

레오나르도는 특히 모든 동물의 목숨을 위협하는 인간의 잔인함에 질색을 했습니다. 어느 때인가는 종이쪽지에 이런 말을 남기기도 했습니다.

'내 몸이 다른 동물의 죽음을 불러온다. 내 몸은 주검을 먹는 식당이고 동물들의 무덤이다.'

그런 생각 때문이었을까요? 레오나르도는 어려서부터 고기를 먹지 않았습니다. 동물을 죽이고 그 고기를 먹는 것은 살인이나 마찬가지라고 생각했기 때문입니다. 그래서 주로 먹는 것도 샐러드, 과일, 채소, 곡물, 버섯, 국수 같은 식물성 음식이었습니다. 특히 쌀과 야채로 만든 밀라노식 수프를 무척 좋아했습니다.

고기를 안 먹는 것말고도 몇 가지 식사 규칙이 더 있었습니다. 레오나르도는 그것을 시로 써 놓았습니다.

건강을 지키려면 이렇게 해라.
식욕 없이 먹지 말고 가볍게 식사하며,

잘 씹어 먹고, 잘 익혀 먹고
아주 간소하게 먹도록 해라.
식사를 마치자마자 일어서고
점심을 먹은 뒤에 바로 잠들지 마라.
술은 알아서 알맞게 마시고,
자주 마시되 적게 마시며,
식사하지 않을 때나 빈속에는 절대 마시지 말고,
화장실에 가는 걸 미루지 마라.

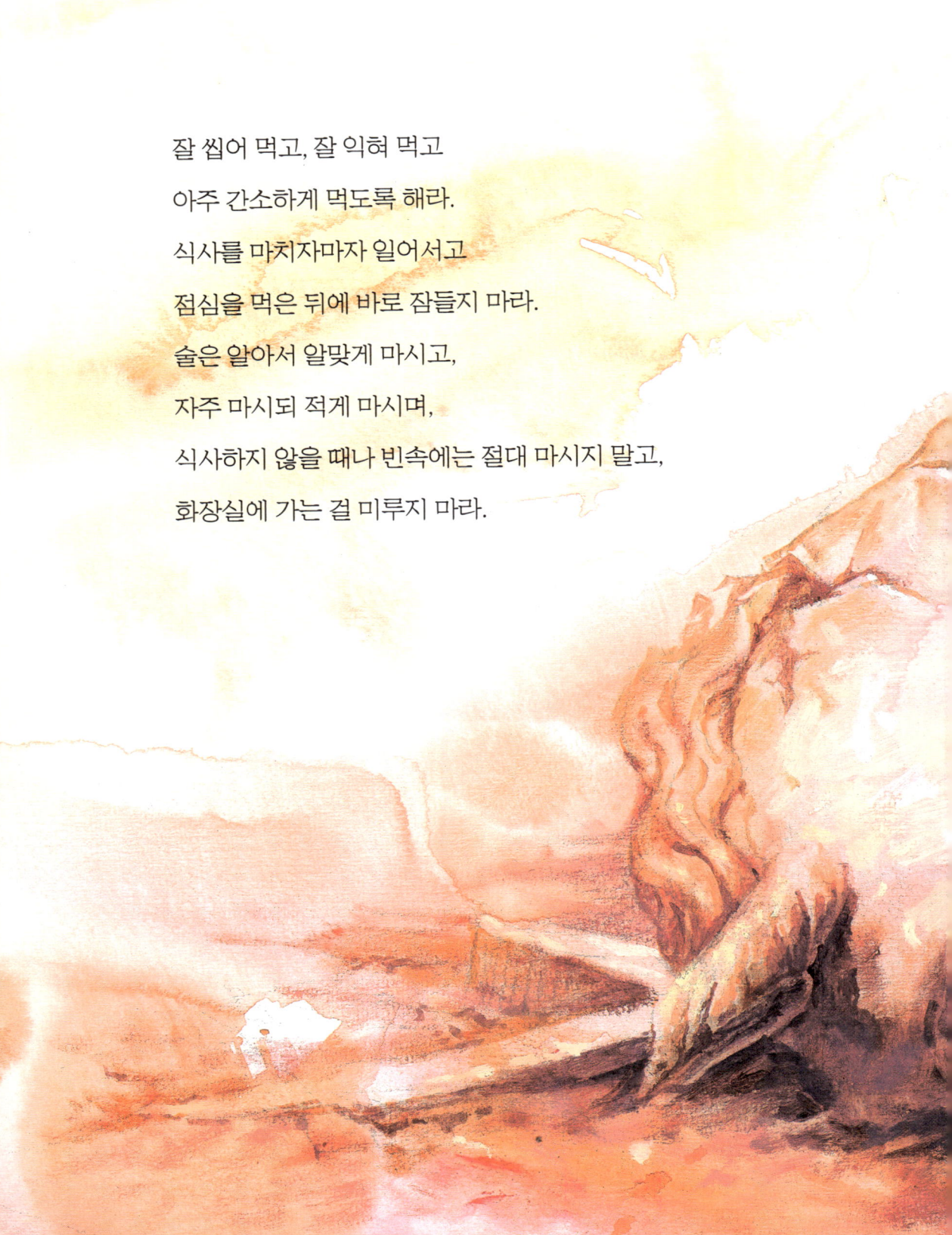

레오나르도는 이 규칙을 충실히 따랐지만, 다른 사람들에게 억지로 권하지는 않았습니다. 고기를 먹지 않는 것도 마찬가지였고요. 그래서 자기는 먹지 않아도 제자들을 위해 가끔 시장에서 고기를 사기도 했습니다. 자기만의 원칙을 가지고 있었지만, 다른 사람의 생각도 존중할 줄 알았던 것입니다.

동물을 사랑하고 생명을 귀중하게 여기는 이런 마음은 자연스럽게 평화를 사랑하는 정신으로 이어졌습니다. 레오나르도는 전쟁을 증오하고 끔찍하게 여겼습니다. 그래서 몇몇 그림 속에 전쟁의 잔인함과 무서움을 생생하게 그리기도 했지요. 밀라노를 떠나고 나서 몇 년 뒤에 그리기 시작한 '안기아리 전투'는 그 대표적인 작품입니다.

레오나르도는 나중에 군사 전문가로 활약하기도 합니다. 그러면서 장갑차와 대포를 비롯한 갖가지 무기의 설계도를 그리기도 했지요. 하지만 그것은 이것저것 발명하기를 좋아하는 레오나르도가 여러 가지 원리며 기계 장치를 시험한 것에 불과했습니다. 모두 공격해 오는 적을 막기 위한 것들이었고요. 그나마 실제로 만들어진 것도 거의 없었습니다.

평화를 사랑하는 레오나르도에게 밀라노에서의 삶은 행복하기만 했습니다. 좋은 일자리를 얻었을 뿐만 아니라, 생활이 안정되면서 마음껏 자신의 능력을 펼칠 수 있었으니까요.

덕분에 레오나르도는 뛰어난 미술가이자 기술자로서 밀라노뿐만 아니라 이탈리아 전체에 이름이 알려지게 되었습니다.

하지만 그런 행복도 영원하지는 않았습니다. 밀라노에 자리 잡은 지 17년째가 되던 1499년, 프랑스 군대가 밀라노로 쳐들어왔기 때문입니다. 겁을 먹은 스포르차 공작은 도망쳐 버리고, 밀라노는 프랑스 군대의 말발굽에 짓밟혔습니다. 레오나르도가 만든 거대한 점토 기마상도 프랑스 병사들의 공격을 받고 산산조각이 나 버렸습니다.

레오나르도는 자기를 보호해 주던 왕과 안정된 직장을 모두 잃어버렸습니다. 이제 밀라노에서는 더 이상 할 수 있는 일이 없었습니다. 슬프지만 정든 밀라노를 떠나 새로운 삶을 시작할 수밖에 없었습니다.

이리로 저리로

　레오나르도는 제자인 살라이, 그리고 친구 파촐리와 함께 만토바로 갔습니다. 만토바의 이사벨라 후작 부인이 오래 전부터 초상화를 그려 달라고 부탁했기 때문입니다.

　후작 부인은 자기 얼굴을 체칠리아 갈레라니의 초상화처럼 아름답게 그려 주기를 바랐습니다. 하지만 레오나르도는 그 부탁을 들어 줄 생각이 없었습니다. 콧대 높고 오만한 후작 부인이 마음에 들지 않았거든요.

　레오나르도는 부탁을 들어 주는 척하면서 후작 부인의 옆모습을 밑그림으로 그렸습니다. 그러고는 초상화를 완성하지 않은 채 여행을 떠나 버렸지요. 후작 부인은 몇 년 동안 끈질기게 그림을 완성해 달라고 졸랐지만, 레오나르도는 끝내 그려 주지 않았습니다.

결국 후작 부인의 초상화는 옆모습을 그린 밑그림으로만 남고 말았습니다. 레오나르도는 성격이 고약한 후작 부인을 그렇게 골탕 먹인 것입니다. 그 시대에 지위 높은 고객에게 자기 뜻을 굽히지 않고 고집스럽게 밀고 나간 미술가는 아마도 레오나르도가 처음일 것입니다.

레오나르도가 만토바를 떠나 찾아간 곳은 아름다운 도시 베네치아였습니다. 그곳에 파촐리가 아는 사람이 많았기 때문입니다.

그 무렵 베네치아는 투르크 군대의 공격을 받을 위험에 놓여 있었습니다. 레오나르도는 베네치아를 위해 군사 기술자로 일하고 싶었습니다. 그래서 몇 가지 군사 전략과 발명품을 고안해 베네치아 의회에 제안했습니다.

강을 막아서 강가에 진을 친 투르크 군대를 물에 빠뜨려 버리자는 것도 그 가운데 하나였습니다. 나무로 만든 수문이나 톱니 모양의 버팀대를 설치하면 몇 사람만으로도 계곡을 물에 잠기게 할 수 있다는 것이었지요.

잠수부를 이용해 적의 항구를 몰래 공격하는 작전도 있었습니다. 이때 잠수부는 유리로 된 안경과 공기 주머니가 갖춰진 가죽 잠수복을 입게 됩니다. 그리고 물속에서 적의 배에 구멍을 내 모두 가라앉혀 버리는 것이지요.

 레오나르도는 이런 작전들을 쓰면 희생자를 많이 내지 않고 끔찍한 전쟁을 피할 수 있다고 주장했습니다. 하지만 모두 실행되지는 못했습니다. 얼마 지나지 않아 베네치아와 투르크가 평화 조약을 맺었거든요. 덕분에 군사 기술자가 되려던 레오나르도의 계획도 물거품이 되고 말았지요.

 애초에 베네치아는 그림을 그릴 만한 곳이 아니었습니다. 레오나르도는 그곳을 떠나 다시 피렌체로 갔습니다. 피렌체에서는 레오나르도의 이름이 널리 알려져 있었습니다. 덕분에 레오나르도는 그림을 그려 주기로 하고 한 수도원에 머물 수 있었습니다.

 하지만 레오나르도는 한동안 그림을 그릴 생각도 하지 않았습니다. 대신 성당 건물을 고쳐 짓거나 종각을 다시 만드는 등 건축 작업에 몰두했습니다. 만토바의 후작을 위해 근사한 별장을 설계한 것도 바로 이 무렵입니다. 뿐만 아니라 수학자인 친구 파촐리와 함께 수학과 기하학을 연구하기도 하고, 과학 실험에 푹 빠지기도 했습니다.

레오나르도가 붓을 다시 잡은 것은 다음 해가 되어서였습니다. 이때 그리기 시작한 그림이 바로 아기 예수와 예수의 어머니 마리아, 그리고 마리아의 어머니를 함께 그린 '성 안나와 성 모자'입니다. 이 그림의 밑그림이 완성되었을 때 수많은 화가들이 소문을 듣고 구경하러 왔다가 너무나도 완벽한 그림에 놀라 하나같이 넋을 잃었다고 합니다. 하지만 그림이 완성된 것은 몇 년이 흘러 레오나르도가 피렌체를 떠나고 난 뒤였습니다.

1502년, 레오나르도는 체사레 보르자 공작의 군사 기술자가 되어 피렌체를 떠났습니다.

체사레 보르자는 그 무렵 이탈리아에서 가장 강한 나라를 다스리고 있었습니다. 레오나르도는 공작을 위해 성벽과 요새를 고치고 운하를 파는 작업에 참여했습니다. 또한 스스로 고안한 독창적인 방법으로 군사용 도시 지도를 만들기도 했습니다.

하지만 체사레 보르자 공작은 너무나 잔인한 사람이었습니다. 자기의 욕심을 위해서는 수단과 방법을 가리지 않았지요. 속임수와 배신도 마다하지 않았고, 가는 곳마다 끔찍한 살인을 저질렀습니다. 그런 모습을 바로 옆에서 지켜보는 건 정말이지 견디기 힘들었습니다. 다음 해에 레오나르도는 모든 걸 그만두고 다시 피렌체로 돌아왔습니다.

그 무렵 피렌체는 몇 년째 피사와 전쟁을 벌이고 있었습니다. 레오나르도는 피사로 흘러가는 아르노 강을 막으면 피사가 물과 항구를 쓰지 못해 항복할 것이라고 생각했습니다. 그래서 운하를 파서 강의 흐름을 바꾸자고 정부에 제안했지요. 정부는 그 제안을 받아들여 운하 건설 공사를 시작했습니다. 그것은 아주 거대한 공사였습니다.

레오나르도는 강물을 피사와 떨어진 바다 쪽으로 돌리려 했습니다. 그러나 공사는 뜻대로 되지 않았습니다. 돈이 부족해 일꾼을 충분히 못 쓴 데다, 작업 도중 피사 군대의 공격까지 받았거든요. 게다가 강물이 불어나면서 이미 완성된 부분이 무너져 버렸습니다. 결국 운하 공사는 취소되고 말았습니다.

운하 공사를 실패한 뒤, 이번에는 시의회의 큰 회의실 벽에 그림을 그려 달라는 주문을 받았습니다. 그것이 바로 거대한 '앙기아리 전투' 벽화입니다. 높이 6미터에 너비가 20미터나 되는 어마어마하게 큰 그림이었지요. 레오나르도는 이 그림에 끔찍한 전쟁과 그 속에서 죽어 가는 인간의 고통스러운 모습을 생생하게 담았습니다.

재미있는 것은 반대편 벽에 그림을 그리는 사람이 바로 미켈란젤로였다는 것입니다. 미켈란젤로가 맡은 그림은 '카시나 전투'였습니다. 미켈란젤로는 나이는 젊지만 '피에타'와 '다비드' 같은 조각 작품으로 이미 크게 이름이 난 천재 미술가였습니다.

벌써 쉰 살이 넘은 레오나르도와 스물아홉 살의 미켈란젤로가 서로 지지 않겠다는 듯 한곳에서 작업을 했습니다. 하지만 끝내 둘 다 그림을 완성하지 못하고 밑그림만 남겼습니다. 그 때문에 두 위대한 미술가의 대결은 승부를 못 가리고 싱겁게 끝나 버렸지요.

'최후의 만찬'과 함께 레오나르도의 최고 걸작으로 꼽히는 '모나리자'를 그리기 시작한 것도 이 무렵입니다. '모나리자'는 조콘도라는 피렌체의 부유한 상인에게 주문 받은 초상화였습니다. 그림 속의 주인공은 조콘도의 젊은 부인이었지요.

'모나리자'는 무척 아름답고 독특한 그림입니다. 레오나르도는 이 그림 속에 자기가 평생 배우고 연구한 것들을 실현합니다. 덕분에 그림 속 조콘도 부인의 모습은 우아하면서도 신비스러운 분위기를 띠고 있습니다. 특히 눈썹이 없는 얼굴에 머금은 웃을 듯 말 듯한 미소는 너무나 유명하지요. 레오나르도는 조콘도 부인 앞에 광대를 세워 웃기게 해서 그런 미소를 짓게 했다고 합니다.

그림을 완성하기까지는 4년이나 걸렸습니다. 그사이 레오나르도는 피렌체를 떠나 다시 밀라노로 갔습니다. 피렌체가 지겨워졌기 때문입니다. 밀라노를 다스리던 프랑스 사람 샤를

'모나리자'

당부아즈의 초청을 받았는데, 아예 그곳에 정착해 버린 것입니다. 레오나르도의 두 번째 밀라노 생활이었습니다.

꽤 오랫동안 한곳에 머문 적도 있지만, 크게 보아 레오나르도는 죽을 때까지 이처럼 여기저기를 떠돌아다녔습니다. 자기를 써 줄 통치자를 찾아서 이 도시에서 저 도시로, 이 나라에서 저 나라로 옮겨 다닌 것입니다. 그건 레오나르도뿐만 아니라 그 시대의 거의 모든 예술가의 운명이기도 했습니다.

 ## 미켈란젤로

▶ 미켈란젤로의 '천지창조' 중 아담의 창조

레오나르도와 함께 르네상스를 대표하는 미술가인 미켈란젤로 부오나로티는 1475년에 이탈리아 토스카나 지방의 카프레세에서 태어났습니다.

어려서부터 그림 솜씨가 뛰어났으며, 열세 살 때에는 당시 치안 판사였던 아버지의 반대를 무릅쓰고 화가인 기를란다요의 도제가 되었습니다. 그리고 그 이듬해에는 다시 조각가인 베르톨도의 밑으로 들어가 조각을 배웠지요.

그 뒤 피렌체의 통치자였던 메디치 가문의 로렌초에게 인정받아 그의 집에 머물며 예술과 학문을 깊이 연구할 기회를 얻었습니다. 덕분에 옛 그리스와 로마의 고전 문학을 읽고, 사람의 몸을 해부하며 조각 공부를 할 수 있었습니다.

1496년에는 로마로 가서 '피에타' 같은 조각 작품을 만들었고, 1501년에는 다시 피렌체로 돌아와 대리석상인 '다비드'를 2년에 걸쳐 완성했습니다. 특히 '다비드'는 시청 문 앞에 세워져 피렌체를 지키는 상징으로 대접받았다고 합니다. 1504년에는 피렌체 시청에 '카시나 전투'를 그리며 역시 같은 곳에서 '안기아리 전투'를 그리던 레오나르도와 대결을 펼치기도 했지요.

 1534년에 다시 로마로 가, 시스티나 성당 벽에 유명한 '최후의 심판'을 그립니다. 그 뒤에도 '바울로의 개종' 같은 그림을 그리기도 하지만, 6년 만에 완성한 이 '최후의 심판'은 그야말로 미켈란젤로의 최후의 대작이 되었습니다.

 나이가 들어 미켈란젤로는 어지러운 로마의 분위기 속에서 향수병에 시달렸습니다. 그러다가 병까지 얻어, 1564년에 여든아홉 살의 나이로 세상을 떠났습니다.

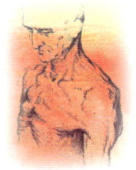

송장을 해부하다

레오나르도는 밀라노로 와서 다시 작업실을 열었지만, 그림은 거의 그리지 않았습니다. 기껏해야 피렌체에서 가져온 미완성 작품인 '성 안나와 성 모자'와 '레다', '모나리자'를 계속 그렸을 뿐입니다.

샤를 당부아즈는 레오나르도를 수석 화가이자 건축가로 임명했습니다. 하지만 레오나르도가 샤를 당부아즈를 위해 한 일은 단지 건축에 관해 도움을 주는 것이었습니다. 그래서 큰 궁정과 성당의 설계를 맡았고, 운하를 수리하는 작업을 했지요. 그 밖에 축제나 오락, 연극을 연출하는 일도 레오나르도의 몫이었습니다.

샤를 당부아즈를 비롯한 프랑스 사람들은 레오나르도를 위대한 예술가로 인정하고 존경했습니다. 게다가 모두들 왕족처럼 대접해 주고, 너도나도 레오나르도의 그림을 갖고 싶어 했습니다. 덕분에 레오나르도의 삶은 그 어느 때보다도 넉넉하고 편안했습니다.

잠시 여행을 하다가 프란체스코 멜치라는 소년을 만난 것도 바로 이 무렵입니다. 멜치는 본래 귀족 가문의 아들이었습니다. 하지만 레오나르도를 만나고 나서 그림을 배우겠다며 제자로 들어왔지요. 그 뒤로 멜치는 레오나르도의 가장 가까운 친구가 되어 레오나르도가 죽을 때까지 곁을 떠나지 않았습니다.

이 시기에 레오나르도가 가장 열심히 한 것은 과학 연구였습니다. 특히 해부학에 관심이 많아 인간의 몸에 관한 글과 그림을 많이 남겼습니다.

레오나르도가 사람의 몸을 과학적으로 연구하기 시작한 것은 밀라노에서 청동 기마상을 만들기 위해 준비할 때였습니다. 그 뒤 피렌체에서 '안기아리 전투'를 맡았을 때에도 많은 연구를 했습니다.

특히 피렌체에서는 작업실이 산타마리아 노벨라 병원에 있었기 때문에 송장을 구경할 일이 많았습니다. 온갖 송장을 관찰하던 레오나르도는 나중에는 직접 해부까지 했습니다. 레오나르도의 실험 기록에는 그 뒤로 해부한 송장이 적어도 30구는 된다고 적혀 있습니다.

레오나르도는 송장을 해부하며 사람의 몸이 어떻게 살아 움직이고, 죽으면 어떻게 되는지 연구했습니다. 한 노인의 주검을 해부하고는 이런 기록을 남기기도 했습니다.

'이 노인은 죽기 몇 시간 전에 자기는 100년을 살았는데, 기운이 없을 뿐 아무 고통도 느끼지 않는다고 말했다. 그리고 침대에 누워 조용히 죽었다. 나는 어떻게 그렇게 편안하게 죽는지 알고 싶어서 해부를 해 봤다.'

레오나르도는 사람의 몸을 단지 관찰하는 데 그치지 않았습니다. 여러 번 해부하고 갖가지 실험을 하여 그 결과를 그림과 글로 남겼거든요. 그렇게 그려진 해부도에는 사람의 핏줄이며 근육, 내장 따위가 아주 자세하게 그려져 있습니다. 레오나르도가 송장을 해부한 것은 그저 그림을 그리기 위해서가 아니라, 삶과 죽음의 비밀을 알아내기 위한 과학적 연구 활동이었던 것입니다.

그렇다고 레오나르도가 해부학에만 관심을 가졌던 것은 아닙니다. 오래 전부터 관심을 갖고 있던 수학, 물리학, 식물학, 지리학,

광학, 기계학 같은 학문을 두루 연구했습니다. 이때 레오나르도가 남긴 연구 기록은 아주 많은 종이쪽지에 적혀 있습니다.

레오나르도는 엄청난 독서가였습니다. 자기의 도서관을 따로 가지고 있을 정도였지요. 게다가 학자들을 찾아가 끊임없이 묻고 배웠습니다. 앞서 말한 것처럼 레오나르도는 대학을 다닐 수 없었습니다. 학교 교육이라고는 어릴 때 조그만 교회 학교에서 글 읽기와 셈하는 법을 배운 것이 전부였지요. 그럼에도 레오나르도가 이처럼 수준 높은 과학 지식을 갖출 수 있었던 것은 바로 독서와 겸손하게 배우는 자세 덕분이었습니다.

한편 레오나르도에게는 예전부터 재미있는 습관이 하나 있었습니다. 바로 못생기거나 이상하게 생긴 사람의 얼굴을 그리는 것이었지요. 그래서 길을 가다가 그런 사람을 만나면 하루 종일 따라다니며 관찰하는 일도 있었다고 합니다. 레오나르도의 이런 버릇은 모든 것을 세밀하게 관찰하고, 있는 그대로 그리려 애쓰면서 생긴 것이었습니다.

화가들은 대개 아름답거나 잘생긴 얼굴들을 그렸습니다. 하지만 세상에는 아름답거나 잘생긴 사람만 있는 것은 아닙니다. 보기 싫거나 못생긴 사람도 많이 있습니다. 레오나르도는 현실을 있는 그대로 그리려면 그런 모든 사람의 모습을 그릴 수 있어야 한다고 생각했습니다. 레오나르도의 그림 속 인물들이 마치 살아 있는 것처럼 보이는 것은 바로 그런 노력 덕분이었습니다.

 미술가와 후원자

　옛날이나 지금이나 미술가들은 작품을 주문 받거나 팔아서 생계를 꾸려 갑니다. 거꾸로 말하면 그림이나 조각 같은 미술품을 주문하거나 사는 사람이 없으면 미술가들은 미술 활동을 계속할 수 없지요.
　하지만 누구나 미술품을 주문하거나 살 수 있는 것은 아닙니다. 값비싼 미술품을 사려면 아무래도 돈이 많아야 하니까요. 특히 신분에 따라 사는 형편이 크게 달랐던 옛날에는 미술품을 사고 감상할 수 있는 사람이 아주 적었습니다. 그래서 미술가들은 작품을 계속 만들 수 있도록 후원을 해 주는 사람을 찾아야 했습니다.
　중세의 유럽에서는 주로 교회가 미술가의 든든한 후원자 노릇을 했습니다. 교회에서는 《성경》의 내용을 가르치고 하느님을 찬양하기 위해 많은 미술품이 필요했거든요. 지금도 유럽에 가면 볼 수 있는 교회의 벽화며 스테인드글라스, 조각 같은 작품들이 다 그렇게 해서 만들어진 것입니다.
　르네상스 시대에 들어서서는 크고 작은 나라의 왕과 통치자들, 그리고 상업의 발달로 큰돈을 번 상인들이 새롭게 후원자가 됩니다. 레오나르도를 후원했던 메디치 가문의 로렌초나 밀라노의 스포르차, 체사레 보르자 같은 사람들이 다 여기에 속합니다. 물론 교회와 교황도 여전히 큰 고객이었지요.

로마에서

　1511년, 다시 전쟁이 일어나 당부아즈 가문이 밀라노에서 쫓겨났습니다. 레오나르도는 하던 일을 모두 중단하고 제자 멜치의 집으로 피신했습니다. 그리고 그곳에서 스케치를 하고 동물들을 해부하며 시간을 보냈습니다.

　2년 뒤 레오나르도는 제자들과 함께 다시 짐을 꾸렸습니다. 교황의 동생이자 교황을 호위하는 장군이던 줄리아노 데 메디치가 로마로 초청을 했거든요. 벌써 예순한 살의 할아버지가 되어 버린 레오나르도는 태어나서 처음으로 로마에서 살게 되었습니다.

　화려한 문화의 도시답게 로마에는 수많은 미술가와 건축가가 몰려와 활동하고 있었습니다. 덕분에 레오나르도는 옛 친구들을 많이 만날 수 있었습니다.

화가이자 건축가인 라파엘로도 그 가운데 한 사람이었습니다. 라파엘로는 '아테네 학당' 이란 그림에서 플라톤의 얼굴을 레오나르도의 모습으로 그리기도 했습니다. 레오나르도에게 존경의 뜻을 나타내기 위해서였지요. 하지만 그 무렵에는 교황의 총애를 받으며 레오나르도보다 더 큰 명성을 누리고 있었습니다.

피렌체에서 벽화로 대결을 벌였던 미켈란젤로도 다시 만났습니다. 미켈란젤로는 시스티나 성당의 천장 그림인 '최후의 심판'을 마치고 다음 작품을 준비하던 참이었습니다. 미켈란젤로 또한 라파엘로처럼 좋은 대접을 받으며 활발하게 활동하고 있었지요.

하지만 뒤늦게 로마에 온 레오나르도는 그렇지 못했습니다. 사람들은 레오나르도를 예전처럼 알아주지 않았습니다. 레오나르도가 아니어도 젊고 뛰어난 미술가나 건축가가 많았으니까요. 게다가 나이가 들어서인지 창작 능력도 옛날에 비해 많이 떨어져 있었습니다. 레오나르도는 다른 예술가들보다 훨씬 적은 대가를 받고 일할 수밖에 없었습니다.

건강하던 몸도 예전 같지 않았습니다. 레오나르도는 로마에 온

지 얼마 되지 않아 여러 가지 병에 걸렸습니다. 너무나 고통스러워 여러 의사를 찾아가 치료를 받았지만, 병은 완전히 낫지 않았습니다. 게다가 눈까지 나빠졌습니다. 그래서 책을 읽거나 미술 작업을 할 때마다 애를 먹어야 했습니다.

그러나 그런 어려움 속에서도 레오나르도의 학문 연구는 계속되었습니다. 친구인 라파엘로와 도나토 브라만테가 교황의 방에 그림을 그리거나 성 베드로 성당을 짓느라 바쁠 때, 레오나르도는 연구와 실험에 깊이 몰두했습니다. 수학, 물리학, 해부학을 비롯해 온갖 분야를 탐구하고 논문을 써냈습니다.

이런 연구를 바탕으로 여러 가지 기계를 고안하기도 했습니다. 줄을 꼬는 기계나 화폐를 찍는 기계 등이 그런 것들이었지요. 진기하고 괴상한 것들도 발명했습니다. 태양열을 반사해 물을 끓일 수 있는 커다란 오목거울을 생각해 냈는가 하면, 양의 창자에 풀무를 연결해서 괴물처럼 크게 부풀려 사람들을 깜짝 놀라게 하기도 했습니다. 또한 커다란 도마뱀의 등에 색칠을 하고 날개와 뿔을 만들어 붙여 가짜 용을 만든 적도 있습니다. 레오나르도가 이 도마뱀을 풀어놓으면 사람들은 기겁을 하고 도망쳤다고 합니다.

가장 멋진 것은 스스로 움직이는 로봇 사자였습니다. 이 로봇 사자는 용수철과 톱니바퀴로 된 기계 장치가 들어 있어서 걸을 수가 있었습니다. 게다가 가슴을 열고 백합 다발을 내보이는 신기한 묘기를 부리기도 했습니다.

레오나르도가 그런 로봇을 만든 것은 새로 프랑스의 왕이 된 프랑수아 1세에게 선물하기 위해서였습니다. 그 무렵 프랑수아 1세는 군대를 이끌고 쳐들어와 교황을 위협하고 있었습니다. 교황은 불리하다고 여겨 프랑스 군과 화해를 하려 했지요.

교황과 프랑수아 1세는 볼로냐에서 만나 전쟁을 끝내기로 뜻을 모읍니다. 그 자리에는 레오나르도도 있었습니다. 레오나르도는 평화를 기원하는 뜻으로 프랑수아 1세에게 바로 그 로봇 사자를 선물했습니다.

프랑수아 1세는 스무 살도 채 안 된 젊은이였습니다. 하지만 키가 180센티미터가 넘는 늠름하고 용감한 기사였습니다. 더구나 훌륭한 교육을 받아서 문학과 예술에도 관심이 많았습니다. 레오나르도는 만나자마자 프랑수아 1세가 마음에 들었습니다. 물론 프랑수아 1세도 마찬가지였고요.

로마에 온 뒤로 레오나르도는 그림을 거의 그리지 않았습니다. 스케치 몇 점을 빼면 기껏 그림 한 점을 완성했을 뿐입니다. 그것이 바로 '세례자 성 요한'입니다. 이 그림말고도 '바쿠스'라는 작품이 있는데, 이것은 레오나르도의 밑그림을 작업실의 제자들이 완성한 것입니다.

레오나르도가 로마에서 맡은 일 가운데 가장 큰 것은 로마 근처의 넓은 늪지대를 메우는 것이었습니다. 이 늪지대의 물이 너무나 더러워서 흑사병 같은 전염병을 일으키기 쉬웠거든요. 교황은 늪지대의 물을 모두 없애고 밭으로 만들어 달라고 주문했습니다.

레오나르도는 먼저 멜치와 함께 지형을 살피고 지도를 만들었습니다. 그런 다음, 운하를 파서 늪의 물을 바다로 빼려는 계획을 세웠습니다. 계획대로 된다면 드넓은 늪지대가 마른땅으로 변할 것이었습니다.

몇 달 뒤 공사가 시작되었습니다. 하지만 공사는 몇 년 못 가 중단되고 말았습니다. 이상하게 레오나르도가 맡은 큰 작업들은 불운한 일이 닥쳐 그만두는 일이 많았는데, 이 공사도 마찬가지였습니다. 공사가 다시 시작되어 계획이 성공한 것은 그로부터 300년이나 지난 뒤였습니다.

그 무렵, 레오나르도를 로마로 초청하고 후원해 주던 줄리아노 데 메디치가 죽었습니다. 레오나르도는 이탈리아를 떠나기로 결심합니다. 예전부터 프랑스의 젊은 왕 프랑수아 1세의 초청을 받고 있었기 때문입니다. 이제 예순네 살이 된 레오나르도는 늙고 쇠약한 몸을 이끌고 프랑스로 향합니다.

 라파엘로의 '아테네 학당'

'아테네 학당'은 레오나르도, 미켈란젤로와 함께 르네상스의 세 천재 예술가로 불리는 라파엘로의 작품입니다. 교황 율리우스 2세를 위해 바티칸 궁전 벽에 그려진 이 그림은 프레스코 기법으로 고대 그리스의 아테네 학당 풍경을 표현한 것입니다.

그림에는 모두 쉰네 명이 그려져 있는데, 대부분 학자입니다. 그 중에는 소크라테스와 플라톤, 아리스토텔레스 같은 유명한 철학자도 있고, 유클리드와 피타고라스 같은 수학자와 프톨레마이오스 같은 천문학자도 있습니다.

라파엘로의 '아테네 학당'

이 그림은 당시의 위대한 화가들을 모델로 쓴 것으로도 유명합니다. 가운데의 플라톤은 레오나르도가 모델이었고, 헤라클레이토스는 미켈란젤로, 유클리드는 브라만테를 모델로 했습니다. 또 그림 한쪽에는 라파엘로 자신의 모습도 들어가 있습니다.

쉰네 명이나 되는 사람들이 아름답게 조화를 이루고 있는 것은 라파엘로가 생각해 낸 치밀한 구도와 세련된 원근법 덕분이라고 합니다.

프랑스에서의 죽음

1516년 가을, 레오나르도는 제자인 살라이와 멜치, 그리고 하인인 바티스타 데 빌라니스를 데리고 여행에 나섰습니다. 자그마치 석 달에 걸친 여행 끝에 레오나르도 일행은 프랑스 앙부아즈에 도착했습니다.

프랑수아 1세는 레오나르도를 따뜻하게 맞아 주었습니다. 레오나르도는 프랑수아 1세의 앙부아즈 성 근처의 작은 집에서 살게 되었습니다. 이 집은 귀한 손님이 머무는 곳으로, 앙부아즈 성과 지하 통로로 연결되어 있었습니다. 그래서 왕은 원하면 언제든지 레오나르도를 찾아올 수 있었습니다.

레오나르도는 왕의 수석 화가이자 건축가 대접을 받았습니다. 그래서 넉넉한 봉급에다 정원과 포도밭이 있는 넓은 땅까지 받았지요. 레오나르도는 생활에 대한 걱정 없이 아름다운 숲과 들을 거닐며 여유롭게 지낼 수 있었습니다.

프랑수아 1세와 이야기를 나누는 것도 중요한 일과였습니다. 프랑수아 1세는 레오나르도의 이야기를 듣는 것을 큰 기쁨으로 여겨 하루가 멀다 하고 찾아왔습니다. 그러면서 두 사람은 나이를 뛰어넘어 친한 친구가 되었습니다.

프랑수아 1세는 레오나르도의 제자이기도 했습니다. 레오나르도는 자기가 평생 연구하고 발견한 것들을 왕에게 가르쳤습니다. 왕은 레오나르도의 풍부한 과학 지식을 배웠고, 온갖 신기한 이야기들을 흥미롭게 들었습니다.

레오나르도는 틈틈이 스케치를 하기도 하고, 그동안 써 놓은 연구 기록들을 정리하기도 했습니다. 또한 왕이 여는 축제나 무도회 같은 행사를 맡아 연출하기도 했지요. 이런 행사에는 예전에 발명했던 로봇 사자를 등장시키기도 했습니다.

하지만 1517년에 갑자기 쓰러지고 나서는 그림 작업도, 연구도 제대로 할 수가 없었습니다. 팔이 마비되어 움직일 수 없었기 때문입니다. 이제 레오나르도가 할 수 있는 것은 제자들의 그림을 지도해 주는 것밖에 없었습니다.

귀한 손님이 찾아오면 레오나르도는 자기 그림 석 점을 꺼내 보여 주곤 했습니다. 바로 '모나리자'와 '세례자 성 요한', '성 안나와 성 모자'였습니다. 레오나르도는 사는 곳을 옮길 때마다 이 그림들을 가지고 다녔고, 죽을 때까지 곁에 보관했다고 합니다.

레오나르도의 건강은 점점 더 나빠졌습니다. 1519년 예순일곱 번째 생일을 맞이했을 때, 레오나르도는 벌써 몇 달째 고통에 시달리고 있었습니다. 레오나르도는 어느덧 죽음이 가까이 왔다는 것을 깨달았습니다.

며칠 뒤인 4월 23일, 사람들이 모인 가운데 유언장이 작성되었습니다. 레오나르도는 자기 재산을 동생들과 제자인 살라이와 멜치, 그리고 두 하인들에게 모두 나누어 주었습니다. 그리고 5월 2일, 마침내 긴 삶을 마감했습니다.

인류의 역사에 커다란 발자취를 남긴 위대한 예술가이자 과학자는 그렇게 세상을 떠났습니다. 하지만 그가 미술과 과학에 끼친 깊은 영향은 500년이 지난 지금도 남아 있습니다. 우리는 그가 남긴 아름다운 미술 작품과 놀라운 발명품들을 보면서 새로운 시대를 이끌었던 위대한 정신을 느낄 수 있습니다.

르네상스는 인간 중심의 문화가 꽃핀 시대였습니다. 그리고 그 한가운데에는 빈치의 레오나르도, 곧 레오나르도 다 빈치가 있었습니다.

 토리노의 자화상

　이탈리아 토리노 왕립 도서관에는 레오나르도 다 빈치의 자화상이라고 널리 알려져 있던 그림이 한 점 있습니다. 붉은 분필로 그린 백발이 성성한 노인의 초상화지요. 지금까지 이 그림을 레오나르도의 자화상이라 여겼던 것은 그림 아래에 레오나르도 다 빈치라는 글자가 화가 이름으로 적혀 있었기 때문입니다.

　하지만 최근에는 이 그림 속의 인물이 레오나르도가 아니라는 주장이 나오고 있습니다. 이 초상화가 그려진 1490년에 레오나르도는 서른여덟 살이었는데, 그 나이에 그렇게 백발이 성성할 리 없다는 것이지요. 사실 초상화 속의 인물을 보면 도저히 서른여덟 살의 남자라고 느껴지지 않습니다.

　게다가 아예 레오나르도가 그린 것이 아니라고 말하는 사람도 있습니다. 그 근거로 드는 것은 초상화 속 인물의 시선과 입체감을 주려고 친 빗금입니다. 보통 자화상은 거울을 보고 그리기 때문에 시선이 정면을 향해야 하고, 왼손잡이인 레오나르도가 그린 빗금이라면 위가 굵고 아래가 구부러져야 하는데, 이 그림은 전혀 그렇지 않거든요.

　이런 사실들로 미루어 보면 이 그림이 레오나르도의 자화상이 아닐 가능성이 높습니다.

열린 주제

중세와 근대, 그리고 르네상스

레오나르도 다 빈치가 활동하던 무렵의 유럽은 중세가 끝나기 시작하여 막 근대로 넘어가는 시기에 속합니다. 역사가들은 이 시대를 르네상스라고 하지요. 르네상스는 마치 중세와 근대 사이에 놓인 다리와 같은 시대라고 할 수 있습니다.

그러면 르네상스로 연결되는 유럽의 중세와 근대는 어떤 시대였을까요?

중세는 서기 395년 무렵 로마 제국이 멸망한 뒤 이어진 시대입니다. 기독교 사상과 봉건 제도의 문화가 사람들을 지배한 시기였지요. 로마라는 큰 나라로 통일되어 있던 유럽은 크고 작은 나라로 나뉘었고, 수많은 왕과 통치자가 그 나라들을 다스렸습니다. 그래서 유럽 전체를 쥐락펴락할 수 있었던 세력은 오직 로마 가톨릭 교회와 교황뿐이었습니다. 이 때문에 중세의 유럽은 크게 보아 로마 가톨릭 교회가 다스리는 기독교 왕국이었다고 보는 학자들도 있습니다.

이처럼 기독교와 교회가 큰 힘을 가지다 보니 고대 그리스와 로마의 인간 중심주의 전통은 사라져 버렸습니다. 학문과 예술, 건축, 법률을 비롯해 눈부시게 발달했던 그리스와 로마의 문화는 겨우 몇몇 수도원 도서관에만 간신히 살아남았을 뿐입니다. 그 대신 사회와 사람들의 정신을 지배한 것은 《성경》 말씀과 신학 사상이었지요. 미술을 비롯한 대부분의 중세 예술이 교회와 기독교를 중심으로 이루어진 것도 바로 그 때문이었습니다.

르네상스의 학자들은 그래서 중세를 퇴보만 있었던 '암흑 시대'라고 불렀습니다. 고대 그리스와 로마의 인간 중심 문화를 동경하고 되살리려 했던 그 사람들 눈에 중세가 그렇게 보인 것은 어쩌면 당연한 일이었지요.

하지만 어떤 학자들은 꼭 그렇지는 않다고 말합니다. 중세에도 사회와 경제, 문화가 끊임없이 발전했다는 것입니다. 그리고 그런 발전이 르네상스의 토대가

인간의 시대를 연 화가
레오나르도 다 빈치

되었다고 주장합니다.

　사실 중세 시기인 1100년대와 1200년대에 유럽은 크게 발전했습니다. 농업이 발달하면서 인구가 크게 늘고 상업과 무역이 활발해졌지요. 그렇게 경제가 성장하면서 여기저기에 큰 도시가 생겨나고 부유한 상인들이 나타났고요. 바로 그런 도시와 상인 계급을 중심으로 학문과 예술이 발달할 수 있었던 것입니다.

　근대는 르네상스 시대의 뒤를 이어 1600년대와 1700년대 사이에 시작되었습니다. 근대의 사회와 문화는 인간 중심주의 문화를 꽃피운 르네상스의 전통이 이어지고 발전되어 이루어졌습니다. 그리하여 인간의 이성을 중요하게 여기는 사상과 철학이 나타났고, 그것을 바탕으로 과학과 산업이 크게 발달했지요. 그 결과가 바로 자본주의의 발달과 산업 혁명이었습니다.

　민주주의도 발전했습니다. 영국과 미국, 프랑스에서 시민 혁명이 일어나, 군주제가 폐지되고 민주적인 법과 정치 제도가 새로 만들어졌습니다. 그리고 왕이나 국가의 횡포에 맞서 개인의 기본적인 권리와 자유, 평등을 존중하는 것이 당연하게 여겨졌지요. 의회나 정당, 보통 선거 같은 정치 제도들이 널리 퍼진 것도 바로 이때입니다.

　이처럼 근대는 오늘날 우리가 살고 있는 사회의 중요한 특징들이 만들어진 시대입니다. 그리고 지금 우리가 살고 있는 시대, 곧 현대로 이어진 시대입니다. 르네상스는 중세의 사회와 경제 발전의 도움으로 꽃피었고, 근대 사회와 문화는 르네상스를 토대로 만들어졌으며, 현대는 그런 근대 문명을 이어받아 탄생한 것입니다.

인물 돋보기

구텐베르크

레오나르도가 온갖 학문 분야의 전문가가 될 수 있었던 것은 왕성한 독서 덕분이었습니다. 또한 그렇게 열심히 읽을 수 있는 책들이 있었기 때문이기도 하지요. 빛나는 르네상스 문화는 바로 그런 책들과 그 책들을 열심히 읽은 사람들이 있었기에 탄생할 수 있었던 것입니다.

중세에도 책이 있긴 있었습니다. 그러나 너무 귀하고 비싸서 보통 사람들은 구경조차 하기 힘들었지요. 책이 그렇게 귀했던 것은 아직 인쇄 기술이 없었던 까닭에 일일이 손으로 글자를 써서 만들어야 했기 때문입니다.

하지만 르네상스 시대에 들어서서 사정이 바뀌었습니다. 레오나르도가 태어나기 2년 전인 1450년에 금속 활자를 이용한 활판 인쇄기가 발명되었기 때문입니다. 이 인쇄기는 이전과 비교할 수 없을 만큼 빠르고 손쉽게 책을 만들 수 있게 해 주었습니다. 덕분에 수많은 학자와 예술가의 책이 유럽 전체로 빠르게 퍼질 수 있었지요.

1517년에는 교황과 교회의 타락을 비판하는 마르틴 루터의 〈95개조 의견서〉기 인쇄됐습니다. 면죄부를 팔아 돈벌이에 나선 교황을 비판하는 내용이 담긴 이 의견서는 많은 사람을 분노하게 만들어서 종교 개혁의 계기가 되었습니다.

만약 루터의 의견서를 인쇄하지 못했다면 어떻게 되었을까요? 아마도 그런 문제점이 많은 사람에게 알려지지 못했을 것입니다. 그렇게 되었다면 종교 개혁도 실패했거나 아예 일어나지 않았을지도 모릅니다. 그리고 더 나아가 르네상스의 찬란한 문화도 없었겠지요.

그 위대한 기계, 곧 인쇄기를 발명한 사람이 바로 요하네스 구텐베르크입니다. 구텐베르크는 1398년 독일 마인츠에서 태어났습니다. 아버지가 귀족이었는데

인간의 시대를 연 화가
레오나르도 다 빈치

도 그는 금속 세공 기술을 배웠습니다. 그 뒤 보석 가공과 거울 만드는 일을 하다가 갑자기 인쇄기를 발명하는 데 몰두합니다. 10여 년 동안의 연구 끝에 인쇄기를 발명하고 나서는 인쇄 공장을 운영했는데, 그때까지 꾼 돈을 갚지 못해 끝내 파산하고 말았습니다.

  1460년 무렵 다시 공장을 차리고 《성경》을 출판하기도 했습니다. 이때 출판된 《성경》을 '구텐베르크 성경'이라고 부릅니다. 하지만 그 공장도 망하고 구텐베르크는 제자들과 함께 이리저리 떠돌아다니며 생활합니다. 유럽 곳곳에 구텐베르크의 인쇄술과 인쇄기가 퍼진 것은 바로 이때부터라고 합니다.

요하네스 구텐베르크

  구텐베르크는 1468년에 세상을 떠났습니다. 하지만 구텐베르크의 업적은 계속 살아남아 르네상스와 근대 문명 탄생의 밑거름이 되었습니다.

인물 돋보기   **139**

연대표

레오나르도 다 빈치의 생애	세계의 동향
	1442 조선, 측우기 발명.
	1446 조선 세종, 훈민정음 반포.
	1450 구텐베르크, 활판 인쇄술 발명.
1452 토스카나 지방의 빈치에서 3킬로미터 떨어진 안키아노에서 태어남.	
	1453 동로마 제국 멸망.
	1455 장미 전쟁 시작.
1466 피렌체의 베로키오 작업실에 도제로 들어감.	
1472 보티첼리 등과 함께 피렌체의 길드에 회원으로 등록이 됨.	
1473 첫 데생 작품인 '산타마리아 델레 네비'라는 풍경화를 그림.	
1481 산 도나토 수도원으로부터 '동방 박사의 경배'를 주문 받음.	

인간의 시대를 연 화가
레오나르도 다 빈치

레오나르도 다 빈치의 생애	세계의 동향
	1479 에스파냐 왕조 성립.
1482 밀라노로 가서 루도비코 스포르차의 궁정 화가이자 축제 담당자가 됨.	
1483 '바위 굴의 성모'를 주문 받아 그리기 시작함.	
1485 밀라노에 페스트가 돌아 수많은 사람이 목숨을 잃음.	
1488 스승 베로키오가 죽음.	
1490 30구의 시체를 해부하며 해부학을 연구함. '행성들의 무도회'라는 축제를 연출함.	
	1492 콜럼버스, 아메리카 대륙 발견.
1493 청동 기마상의 점토 모형이 전시됨.	
1495 산타마리아 델레 그라치에 성당 벽에 '최후의 만찬'을 그리기 시작함.	

연대표 141

| 레오나르도 다 빈치의 생애 | 세계의 동향 |

1498 바스코 다 가마, 인도 항로 발견.

1499 밀라노가 프랑스 군대에 점령당해 루도비코 스포르차가 쫓겨나고, 레오나르도는 밀라노를 떠남.

1500 파촐리와 함께 만토바를 거쳐 베네치아로 감. 다시 피렌체로 가서 수도원에서 생활하며 '성 안나와 성모자'의 밑그림을 그림.

1502 체사레 보르자의 군사 기술자가 되고, 마키아벨리와 가까이 지냄.

1503 피렌체로 돌아옴. 아르노 강의 흐름을 바꾸려고 함. '모나리자'를 그리기 시작함.

1504 아버지 세르 피에로가 죽음.

1504 미켈란젤로, '다비드' 완성.

1506 밀라노를 통치하던 샤를 당부아즈의 부름을 받고 밀라노로 가서 군사 기술자로 일함.

1508 미켈란젤로, 시스티나 성당 천장 그림 그리기 시작함.

인간의 시대를 연 화가
레오나르도 다 빈치

레오나르도 다 빈치의 생애	세계의 동향
	1510 조선, 삼포왜란 일어남.
	1511 에라스무스, 《우신 예찬》 지음.
1513 교황 레오 10세의 동생 줄리아노 데 메디치의 초청을 받고 로마로 감.	
1516 줄리아노 데 메디치가 죽음. 프랑수아 1세의 초청을 받아 프랑스로 감.	*1516* 토머스 모어, 《유토피아》 지음.
1517 멜치와 살라이, 빌라니스와 함께 앙부아즈 성 근처에 자리 잡음.	*1517* 루터, 종교 개혁 운동.
1519 4월 23일에 유언장을 작성함. 5월 2일에 세상을 떠남.	*1519* 마젤란, 세계 일주.
	1524 독일, 농민 전쟁 일어남.